ここまで到達した芽室町議会改革

芽室町議会改革の全貌と特色

広瀬重雄（芽室町議会議長）
西科　純（前芽室町議会事務局長）
蘆田千秋（芽室町議会改革諮問会議会長）
神原　勝（北海道大学名誉教授）

北海道自治研ブックレット5

目　次

はしがき……4

問題提起1　**なぜ議会改革に取り組んだか**　広瀬　重雄（芽室町議会議長）……6
地方分権と議会改革／町民の厳しい声を契機に改革を進める
議会も担うまちづくり／公開と参加、議会改革の目的は住民福祉の向上
執行機関と議会の関係／追認議会から政策提言する議会へ／議会改革の共通認識

問題提起2　**芽室町議会は何を変えたのか**　西科　純（前芽室町議会事務局長）……18
議会を知ってもらうことが改革の起点
議会活性化計画と議員による取組の評価、政策サイクル
議会の広報広聴、議会フォーラム
議員研修計画／議会サポーター、モニター制度、議会改革諮問会議
一般質問・質疑の追跡システム／議員間（自由）討議
議会事務局のスタンス／芽室町議会は何を変えたのか

はしがき

公益社団法人北海道地方自治研究所は、二〇〇七年から「北海道自治研ブックレット」を四回発行してきました。初回は、松下圭一『市民・自治体・政治―再論・人間型としての市民』（公人の友社、二〇〇七年）でした。二回目以降は議会改革に焦点をあてて、以下のように北海道における先駆議会の改革状況の紹介とともに、全国的な改革の進展とその評価についてもとりあげてきました。

・橋場利勝・中尾修・神原勝『議会基本条例の展開―その後の栗山町議会を検証する』同、二〇〇八年

・溝部幸基・石堂一志・中尾修・神原勝『福島町の議会改革―議会基本条例＝開かれた議会づくりの集大成』同、二〇一〇年

・神原勝・中尾修・江藤俊昭・廣瀬克哉『議会改革はどこまですすんだか―改革8年の

検証と展望』同、二〇一五年

これらの過去の経緯をふまえ、今回は、現在、改革の最先端を行く議会として全国的にも高く評価されている芽室町議会の改革を当事者のみなさんに語っていただくことにしました。今年は二〇〇六年に議会基本条例が登場してから十年の節目の年でもあることから、時宜にかなった刊行ではないかとひそかに確信しています。

芽室町はもとより、全国の議会改革の発展に寄与することを願ってやみません。

公益社団法人北海道地方自治研究所顧問
神原　勝

問題提起1

なぜ議会改革に取り組んだか

芽室町議会議長
広瀬　重雄

地方分権と議会改革

芽室町は帯広市の西隣に位置し、人口約一万九千人のまちです。農業が基幹産業で、商工業も農業に関連した企業が多く、経済・産業政策の議論は農業が中心になっています。

芽室町議会が議会改革に取り組むに先立ち、すでに全国各地で議会改革の必要性が議論される時代に入っておりました。

一九九三年、衆参両院において「地方分権の推進に関する決議」がされ、二〇〇〇年に地方分権一括法が施行され、以降、地方分権改革が進んできました。この間には平成の市町村合併でのまちの将来をどうするか等の議論があり、議会改革はこうしたことを契機にして始まっていったとも考えられます。

とくに地方分権一括法では、国の機関委任事務制度が廃止され、自治体の事務は基本的に議会の議決を経て決定されることになりました。その結果、議会の責任と役割が重大になり、住民の代表としての議会機能の拡充と、さらなる議会活性化への取り組みが強く求められてきました。「議会が機能を発揮しなければ、住民の福祉向上にはつながらない」そういう時代になりました。議会改革の取り組みには、こうした時代背景があります。

なぜ芽室町議会の議会改革が進んだのかと問われますと、二〇〇〇年地方分権一括法施行に併せて、我が町では芽室町議会活性化計画を策定しました。毎年、議会が何をして行くのかを計画を立て、実行して現在に至っています。一部住民からは「議会は何をやっているところなのですか」などとよく聞かれ、それ以前に「議員の顔さえ分からない」、「議員は偉い人なのでなかなか話す機会がない」等、住民とは距離があるという意見が多くありました。

町民の厳しい声を契機に改革を進める

平成の合併を議論している時期に、財政難を理由に「議員定数と議員報酬を削減しろ」という意見が各地で出てきて、芽室町でもそうした意見が多くありました。このため議会でも定数・報酬について議論し、町内の各団体との意見交換会、そして住民の考えを聞こうと、様々な手法で意見を聞きました。住民が寄せた意見の九割以上が、「定数と報酬を削減すべき」というものでした。その理由としても、議会に対する批判的な意見が多々ありました。

私たち議会はそうした意見を受け、二二名の議員定数を段階的に削減して、現在は一六名、法定上限であった二六名より一〇名少ない定数です。町の人口は減少していないのに議員を減らさざるを得なかったという、そんな現実がありました。

報酬については、経済的状況が厳しいのに、なぜそんなに報酬をもらうのかというのが町民の見方でした。町と議会は、「ホットボイス」という町民からの意見、要望、提案などを受け付けていて、その中で議員報酬に対する批判がかなりありました。私たちは町民の意見を謙虚に受けとめ、報酬についても削減していきました。

私たちは、町民と議会の間に非常に距離があると感じ、議会改革の必要性をあらためて痛感いたしました。それまでも町議会活性化計画により改革に取り組んできたわけでありますが、更なる改革を進めようという認識に立ちました。これらの経過があり、芽室町では、議会改革に再度アクセルを踏み直したのではと考えています。

議会も担うまちづくり

私は二〇一一年、議員四期目になって議長に就任しました。初当選は一九九九年、四一歳のときで、議場での当選証書付与式の後、先輩の議員から議会の事、議員としてのあるべき姿等、様々な事を教わりました。その中には昔からの慣例が続いており、良いことよりも、悪しき慣例が多々ありました。

改選のたびに、先輩の議員が一期目の議員にそうした慣例を話しますが、新人議員がなぜそんなことをと疑問に思うのは当然です。議会の悪しき慣例、不要な慣例は変えていかないといけないことも議会改革の背景にあったのではないかと思われます。

私の本業は農業で、仕事の傍ら若い時代からまちづくりに関わってきました。ＪＡ芽室の青年部長を経験し、三五歳以下の部員が十勝管内で最も多い約二六〇名が在籍していました。その後、青年会議所でもまちづくりの活動をし、道東ブロックの役員をして道東各地の人と一緒に活動し語り合いました。十勝管内の青年会議所は帯広市と芽室町の二つだけで、芽室町には「まちづくり」に対する先輩からの土壌があったと思います。

ところが、いざ選挙に立候補し当選して議員になると、まちづくりは役場、行政が行うもので、議会はそれを認めてくれればいい、という雰囲気をひしひしと感じました。当時私はまだ若く、こうした状況は納得できなかったので、先輩議員と随分議論をしました。住民の代表として、志をもって議員になったのに、実際の議会と行政は思っていた内容と違っていた。まずその部分を何とか変えていかなければならない、議会として、議員として変わっていかなければならないと考えたところです。

まちづくりイコール行政、という意識が道内多くのまちにあると思います。その意識を変えるのは私たち議会、議員の責任だと思っています。

公開と参加、議会改革の目的は住民福祉の向上

議会の機能、仕事とは何でしょうか。大きく三つの仕事があると思います。一つは、団体意思の決定。これは議会の議決権で、議会の大きな権限です。二つめは首長、執行機関に対する議会の監視、チェッ

ク機能です。そして三つめは、政策立案機能、立法機能を重視していく改革方向で、それをどのような手法で行っていくのか、それが議会改革だと思っています。

議会改革が最終的な目的ではなく、議会改革は、住民の福祉向上を私たち議員、議会がどのようにして達成していくのか、それにつきます。住民からは、議会改革を頑張っているが町民にとってどんな意味があるのか、という指摘もされますが、議会改革によって町民の皆さんが幸せになると思って活動をしています。全国の議会の皆さんもそうした思いで、住民から叱咤激励され、懸命に議会改革に取り組んでいるのではないかと思います。

議会改革を進めるために二つのキーワードがあると考えています。一つは情報公開です。住民からは、議会は何をやっているか分からない、見えないと言われていましたが、現在芽室町議会が持っている情報は全て公開、公表しています。議会ホームページでの公開・提供、本会議と委員会のネット中継、ソーシャルネットワークサービス（ＳＮＳ）の活用、広報の紙媒体など、あらゆる手段で提供しており、議員と議会がどのような活動をしているのか町民に知ってもらうことが第一だと考えています。

もう一つは住民参加です。議会が何をやっているのか分からないと町民から言われますが、では町民の皆さんは議会に対して様々なご意見を言っていただけますか、と問いかけます。私は日頃から現在の日本の政治の現状を思うときに、お任せ民主主義にはなっていないのかと考えています。それはまさに行政依存だと私は思います。行政依存の延長線で議員を選び、議員はしっかりやってほしい、ということになるのだと思います。

しかし、かつてのように成長する時代であればそれでよかったでしょうが、国の財政も自治体財政も苦しくなって、そして少子高齢社会になると、各自治体で何でもかんでも事業、仕事ができるわけではありません。住民のニーズに必ずしも応えられていない状況になっています。

ところが住民は、議員、議会に要望すると、その多くは実現できるのではないかと思っているのではないでしょうか。これからは、できないものはできない、と言う説明責任が住民から選ばれている議員、議会にあります。そうした時代に私たちは現在置かれていると認識しています。

様々に整備してきたインフラや公共施設の維持管理には今後数十億円の財源が必要で、新規に施設整備をするのは難しい状況です。住民のニーズと、行政展開の方向が合致しないことが多くなる岐路にあると思います。住民の意向も確認しながら、議会がどう判断していくか難しい課題があります。

そのためにも、住民と議会と行政がどう意見を交わせるかにかかっていると思います。今後、財政が拡大することはあり得ませんから、住民に説明し理解を得て、まちづくりをしていくこととなり、議会の役割は更に大きくなると感じています。

執行機関と議会の関係

町行政は町民から施設整備などの要望があっても、何でもできるという対応になりません。限られた財源の中で予算編成しています。どのくらいの税収があるのか、地方交付税はどのくらい交付されるのか、地方債はこのくらい発行可能などと見込んで、中長期の町財政計画の見通しを立てながら、町政の執行をしています。そして私たち議会と執行機関が大いに議論していくことが必要です。

議会は二元的代表制の一翼を担っているのですから、地域経営、どう地域をマネジメントしていくのかを執行機関だけでなく、当然議会も考えていく課題ではないでしょうか。その意味で、財政、政策をしっかり勉強していかなければならない。いままでも財政の調査はしてきましたが、まちの財政はどういう状況にあるのか、どう予算配分するのかについて更に認識を深めないと、執行機関と対等の議論をするのは難しいと思います。そうした意味においても私たちにはまだまだ努力が必要です。

現在、我が町は首長を筆頭に公立病院職員を含めると約三〇〇人の職員規模です。

これに対して議員は一六人、議会事務局スタッフ四人で、執行機関と同じような政策議論をすることはなかなか難しいと考えます。このため、まちにとって何が最も重要な課題か抽出し議論していくことになります。議決する事項は委員会の所管調査で議論しますが、これから先二年後、三年後の町の実行計画の内容について議論をしています。これは、当年度予算を議決するとその年の事業内容はほぼ決定してしまうので、次年度、さらに二年後を視野に入れ、限られた財源を有効に使うための議会の論点として、いま町の実行計画に予定されている事業の中から、議会として何事業かを抽出し議論に取り組んでいるところです。

追認議会から政策提言する議会へ

議会改革を進めてきて、理事者との関係は難しい課題が多々あると感じています。

議員も経験された本州のある首長さんは、執行機関が実施しようとすることをなぜ議会は反対するのか、足を引っ張るのかと発言されました。各地で、そうした議論があるのではないでしょうか。行政のやること、町長の政策が最善だと思っている町民は多くいます。

一方、議会が政策提言に向けて議論する重要性を理解する人もいます。私たち議会は住民の代表なので、住民の意見を聞いて議会内で議論して、議決のときの判断材料にし、政策提言していく。しかし、このような議会の活動を肯定しない理事者もたくさんいると思われます。そうした壁に突き当たっている議会があるとも聞いています。

しかし、首長ほか職員はAチーム、議会はBチームで、どちらも選挙で選ばれている。

芽室町の場合はAチームに三〇〇名の職員がいて、トップに町長がいる。私たちBチーム一六名の議員が議会として議論して、一つのものを創り上げて町に提案していくのが、二元代表制における議会の役割だと思います。

町の政策立案は町長の独断で決めているわけではありません。町民のニーズを聞き、様々な調査をし、内部検討をして成案にいたっています。しかし、何事も完璧なものはあり得ません。執行機関Aチームの提案よりも、Bチーム議会の案が住民に理解され、支持されることがあるかもしれません。そこには緊張感をもった議論が必要で、議会が首長の追認機関であったならば、議会不要論が出てくるでしょう。首長と議会議員はともに選挙で選ばれているのです。

執行機関と議会の考えはほぼ一致しているが、住民福祉向上のための施策は、AチームよりBチームの方がいいかもしれない、という議論を私たちBチームがやっていかなければ住民の負託に応えられない、住民の福祉向上につながっていかない、そんな思いでいます。

議会改革の共通認識

この五年間、いろいろな機関から評価をいただき光栄ですが、なぜそこまで改革が進んだのですか、とよく聞かれます。一方、我が町ではなかなか改革が進まないということを聞きます。特効薬はありませんが、強いて挙げるとすれば、議長または所管の委員長のリーダーシップが欠かせないと思います。併せて議会事務局は自治体の職員なので、いつ執行機関側に異動するか分からず、やりにくい面があると思いますが、しかし議会事務局職となったならば、議員のためにではなく、住民のためにという視点で、仕事をしていくのがポイントだと思います。

二つめは、町議会議員がいて、議長、委員長が議会改革の方向を示したとしても、数名の議員は納得せず動かないことがあります。議員に理解してもらうことが議会改革に不可欠です。外部有識者、議会サポーターの協力を得て、議会改革の必要性の共通認識を持つことができましたし、議会基本条例も全会一致で可決しました。各論になれば当然いろいろな意見がありますが、議会改革の方向については共通した考えがないと進んでいきません。

そして住民の負託に応えるためには、議員だけで頑張るのではなく、住民の理解を得る努力が必要だと思います。

これらのことを地道に取り組むことによって、良いまちにするための議会の役割が果たされると思います。

そうは言っても住民は理解してくれない、住民は変わらない、という弱音が出ることもありますが、議会が変わることによって、まちが変わり、住民も変わっていき、まちは良くなっていく、という思いでいます。会場の皆さんもこれからのまちづくり、それぞれのまちの住民福祉の向上に向けて取り組んでいただければと思います。

以上で報告を終えます。ありがとうございました。

（ひろせ・しげお）

問題提起2

芽室町議会は何を変えたのか

前芽室町議会事務局長
西科　純

議会を知ってもらうことが改革の起点

二〇一一年、統一地方選で町議会議員選挙のある直前に議会事務局に異動になり、一六年三月まで五年間事務局にいて、四月からは税務課で仕事をしています。

私には人事異動の都度、読む本があります。それは松下圭一先生の『政策型思考と政治』です。議会に異動が決まり、どのような気構えで議会事務に取組むべきか。このなかで松下先生は「議会の五課題」として、「政治争点の集約・公開」「政治情報の整理・公開」「政治家の選別・訓練」「長・行政機構の監視（政治批判・政治調査）」「政策の提起・決定・評価（立法ならびに予算・決算）」の五つを挙げています。

松下先生の掲げる五課題を町議全体の共通認識とするにはどうしたらいいのか、何を議会改革の起点とすべきかを考えました。その一つは、情報の公開と共有でした。町民と議会の対話、議会報告会が各地で行われるようになってきましたが、大半の住民は議会の細部を知らないでしょう。議会の傍聴に多くの住民は訪れませんし、議会広報紙もあまり読まれていない。議会の日常的なことは報道もされません。一般質問は報道されることが多いので、一般質問をする議員こそが議員としての仕事をしていると思われているのではないでしょうか。

町民と意見交換をしてみると、四年の任期中に一度も一般質問をしない議員を指して報酬が高い、という議論になりがちです。こうした町民の声に対して、どう解決していけばいいのかを考えると、情報の公開と共有が重要だと思います。議会がどんな活動をしているかを知らせることを議会改革の入口として、まずは議会だよりの改革に取組みました。

議会だよりの発行は年四回のところが多いと思いますが、芽室町議会では毎月発行、年一二回発行しています。よく毎月書けますねと聞かれますが、書く内容が多いから発行できるのです。書く内容が多いということは、議会の活動内容が多いということです。通年議会のもとで委員会や研修会を数多く開催し、改革に取組むと必然的に活動量は増えます。芽室町議会は広報広聴委員会を設置していないので、議会だよりは議会事務局で編集作業をします。その代わり、議員の皆さんは委員会活動等に力を注いでいただきたいという思いで役割分担をしているのです。

図1は二〇一二年から二〇一五年までの四年間の改革と活性化策です。いわば議会情報の公開と共有を起点に改革に取組んできた軌跡です。

議会への住民参加を考えてみると、一九九一年の議員選挙の投票率は八六・二三％ありましたが、二〇一五年の選挙では六五・〇六％まで下がりました。二〇年間で約二〇％投票率が低下しましたが、まちづくりや住民参加の観点から、この状況をどうみるべきか。投票率低下は住民参加の低下かもしれないという危機感が私個人にはあります。投票率を上げることは難しいかもしれませんが、投票率をこれ以上下げたくない気持ちは強い。ここを念頭にして、議会改革を進めたいという思いが私個人にはありました。事務局職員間では、議会はどうすれば活性化するのかという話もよくしました。

議会事務局の体制は、局長と次長、そして書記と臨時書記の計四名です。どこの町議会事務局も同じような人数だと思います。管内には、監査委員会事務局と兼務のところも多くあり、少ない人数では大変な事務と思います。少ない人数で議会事務局を担っていくのは大変なときもあります。

議員一六人と事務局職員が少ないなかで、どのように議会を活性化させていくかは、図のとおり、他の団体・機関と連携することがポイントとなります。執行機関の各課と一緒に進めていく場合もあるでしょうが、まずは他の機関と関係をつくっていく。大学、議会サポーター、議会モニター、関係する研究機関などと連携のうえ情報交換をしながら、議員研修の体制を組み立ててきました。

二〇一三年に議会基本条例を制定しました。二〇〇七年に制定した自治基本条例に議会の項目はありましたが、議会改革を進めるには議会基本条例が必要との議論が高まり、議員会で研修会を開催し

図１　芽室町議会の改革・活性化策

【住民に開かれ、分かりやすく、行動する議会】を目指して（H24～27）

H27の議会改革・活性化強化策
① 政策型議会移行
② 議員間討議（自由討議）推進
③ 調査・附属機関の設置検討
④ 議員倫理の確立
⑤ 議会図書室機能の整備
⑥ 議会ICTの推進
⑦ 議会BCPの策定

議会改革・活性化策（H23 － H27）
① 議会基本条例の制定（H25.4.1）
② 通年議会制（通年の会期制）への移行（H25.5.1）
③ 議会だよりの通年発行（H25.4.12）
④ 議会報告と町民との意見交換会Ⅱ（議会フォーラム）の開催（H24）
⑤ 全会議（全員協議会・委員会含）のインターネット中継・録画配信（H25.8.1）
⑥ 議会モニターの設置（H24.4.1）
⑦ 議会改革諮問会議の設置（H25.6.3）
⑧ 議員研修計画の策定と予算化（H24.4.1）
⑨ 議会サポーターの設置（H24.4.1）
⑩ 北海道大学公共政策大学院との包括連携（H24.6.6）
⑪ 政策形成サイクル導入（政策討論会・町長提言）（H26.10）
⑫ 議会ICT計画
facebook（H25.5.28）、LINE（H26.7.14）、Twitter（H26.8.16）タブレット導入（H28.5）
⑬ 議会白書の作成・公表（H25）
⑭ 自治基本条例、議会基本条例、議員倫理条例の議員自己評価（H26.5）
⑮ 予算決算常任委員会の設置協議(H26.8)
⑯ 議会BCP（H28.5）
⑰ 子ども議会の検討（H26.9）・議会見学会実施
⑱ 各委員会ミーティング（戦略会議）の実（H26.8）
⑲ 審議会委員の就任全廃検討（H26.12）
⑳ 政策提言を決議（H27.3）

ネットワーク型議会の構築

①議会活性化計画（H12～）　②議員研修計画（H24～）
③議会ICT計画（H26～）　④政策形成サイクル導入（H26～）

・議員16人・平均 2.7期　・平均年齢 57.3歳
・1期目6人（37.5%）・女性議員　3人（19%）
・農業5、建設1、サービス1、会社員1、無職5、団体1、政党2・議員報酬額 204,000円

本会議等開催回数137回（H27）
・定例会議16回　　・臨時会議4回
・全協12回
・委員会
①総務経済常任委員会（7人）29回
②厚生文教常任委員会（8人）21回
③議会運営委員会（7人）31回
④予算・決算特委11回
⑤庁舎建設調査特委6回
⑥合同委7回

議員選挙
65.06%（2015）　←　86.23（1991）
△21.17%（人口19,068人／H27.3.31）
（有権者数15,014人／H27.4.26）

■原案否決（14年ぶり）（5案否決・修正2案可決）
1　役場庁舎建設基金条例案（H25.3）
2　職員給与減額案（H25.9）
3　平成24年度一般会計決算（再認定→不認定）（H26.3）
4　平成25年度一般会計決算不認定（H26.9）
■原案否決・議員提出修正案可決・委員会提案可決
5　職員給与条例（町長・副町長給与減額）（H26.6）
6　消防団条例原案否決・議員提出修正案可決（再議否決）
7　消防団条例（委員会提出）全会一致で可決（H28.2）

外部評価歴
2015　マニフェスト大賞優秀成果賞
2014　マニフェスト大賞最優秀成果賞
2014　全国議会改革度ランキング1位
（2013　同ランキング102位　2012　277位）
2014　NPO法人 公共政策研究所調査
（道内　道・市町村議会で高位）
2013　北海道町村議会議長会広報コンクール入選
2013　HP情報公開度調査（蘭越町琵琶議員）
（道内市町村議会で第1位）
2012　マニフェスト優秀コミュニケーション賞

H28議会費予算
報酬　55,888,000円（0.48）
議会費　118,236,000円（1.01人件費込）
町予算総額　11,660,000,000円

事務局長　52歳（0年）
事務局次長（兼総務係長）51歳（9年）
書記　〇歳（1年）
臨時書記　〇歳（4年）

ました。二〇一二年三月に議長が議会運営委員会に議会基本条例の制定について諮問し、五月に議運が渡島管内福島町議会を調査・視察、六月に条例は必要と議長に答申しました。同年七月から協議をはじめ、延べ一一三回の協議を行い九カ月間で原案を作成し、二〇一三年三月に全会一致で議決しています。

議会基本条例制定後に重要なことの一つは、条例の進行管理だと思います。現在、全国約八〇〇の議会で議会基本条例が制定されていますが、制定しただけにとどまっているところが多く、条例制定後の進行管理によって改革を前進させることが極めて重要であると議会モニターから強く指摘を受けました。

二つめは、議会における計画の重要性です。二〇〇〇年から議会活性化計画を策定していますが、議会基本条例制定を機に内容を見直し改正しました。

三つめは、条例の点検・見直しです。常に条例の内容を見直し、先の一と二を経て、条例の付加、修正を行っていくことが重要だと思います。

議会活性化計画と議員による取組の評価、政策サイクル

議会活性化計画はＰＤＣＡサイクルを回しながら進めています。活性化計画の内容は百数十頁に及び、議会基本条例の各条文を議員それぞれが評価し、各評価結果を集計して課題を抽出する作業を行います。

ＰＤＣＡということは、方針や目標、計画を持つことが必然となります。任期四年間の議会改革をどのように設計するのか、それをどのように実行するのか。冒頭で情報公開を最初に行うと申し上げましたが、運営上の改革は最初に議員資質の向上からはじめ、研修制度と議会モニター制度、議会サポーター制度などの住民参加のしくみをつくる。二つめは議会運営の基礎を議会基本条例の内容に沿って改革する。三つめは委員会活動の改革を進めるということです。一と二の活動により当然委員会活動も改革に向きますが、議会活動は本会議が全てではなく、各常任委員会の活動を改革することで、議会全体を活性化させることが本丸となります。芽室町議会では現在、その段階に入りつつあります。

昨年の初議会で議会基本条例に基づき、初めて所信表明をもとにした議長選挙を行いました。広瀬議長ともう一人の議員が立候補し、それぞれマニフェストを掲げました。当選した広瀬議長のマニフェストは、政策提言する議会、住民参加を促進する議会、ＩＣＴ化（情報通信技術）を進める議会、議員間で討議する議会、災害時に向き合う議会の五項目であり、これらを基本に議長任期の四年間を進めることとなりました。

次にこの五項目を議会全体のマニフェストとして町議会活性化計画の主要事業に掲げ、改革工程表をつくりスケジュール化しました。所信表明がこの先の四年間の大きな方向性となり、議会改革のキックオフとしては重要な意味を持ちます。

一年間の取組みを振り返り、議会基本条例の条文ごとに自己評価書を作成します。Aおおむね達成した、B達成しているが改善余地あり、C達成していない、D取り組んでいないという四段階の評価と、自由記述欄への記載により、それら全体を集約し議会全体の評価傾向を把握します。議会基本条例の前文・本則を議員個々は実践・順守しているか、議会全体としてはどうか、という二つの評価軸を持っています。

評価上で、CとDが多ければ、今後の課題、目標に掲げ改善に向かう。年度末に議員評価と議会全体の評価行い、年度間の比較もできます。議会基本条例を制定した年から三回評価しています。この評価に基づいて、次年度の目標をざっくりと設定していくのです。

次に町民一〇人からなる議会モニターに評価書を提供します。議長が委嘱した五委員による議会改革諮問会議にも評価書を提供します。その結果は議会ホームページ、議会広報紙、そして議会白書でも公表します。一年間の取組み、任期四年間の取組状況が分かるように、議会白書としてまとめ履歴化します。

芽室町議会は通年議会を導入していますので、本会議だけでなく各常任委員会も通年サイクルで活動しています。本会議と各委員会、決算と予算の時期、町民との意見交換会の時期、それらがどのようにどういうスケジュールで委員会に組み込まれ政策化していくのか、というのが**図２**です。

上段の工程は長野県飯田市議会を参考にし、下段は福島県会津若松市議会を参考にしています。両市議会を町の議運委で視察し、ともに先進的な取組みであり、二つを組み合わせた政策サイクルを昨年から導入しています。

図３は予算と決算の審査を連動させるスケジュールを図にしたもので、決算予算審査は委員会活動を改革することになります。通常、政

図２　通年議会の政策形成サイクル

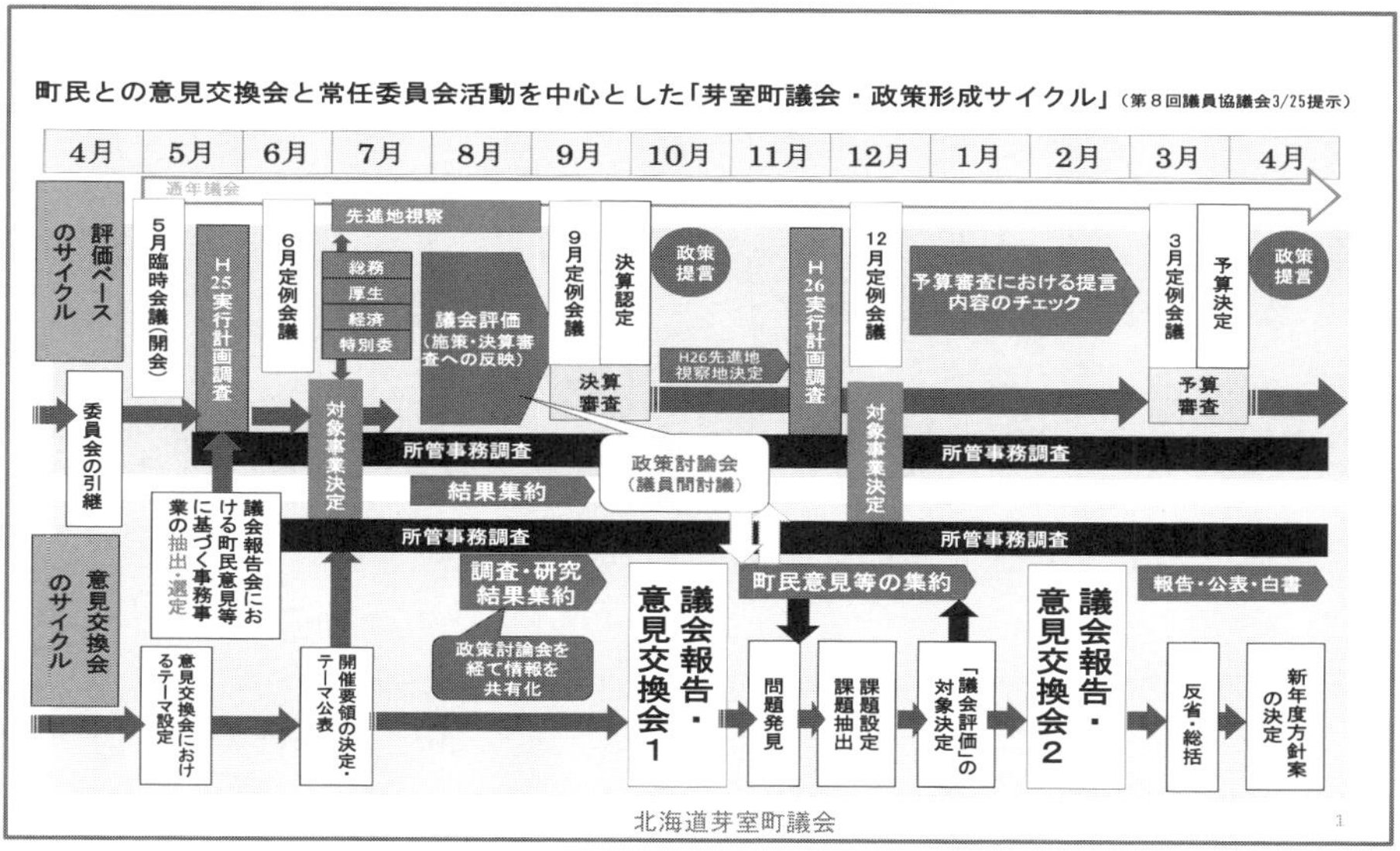

図3　予算と決算審査を連動させるスケジュール

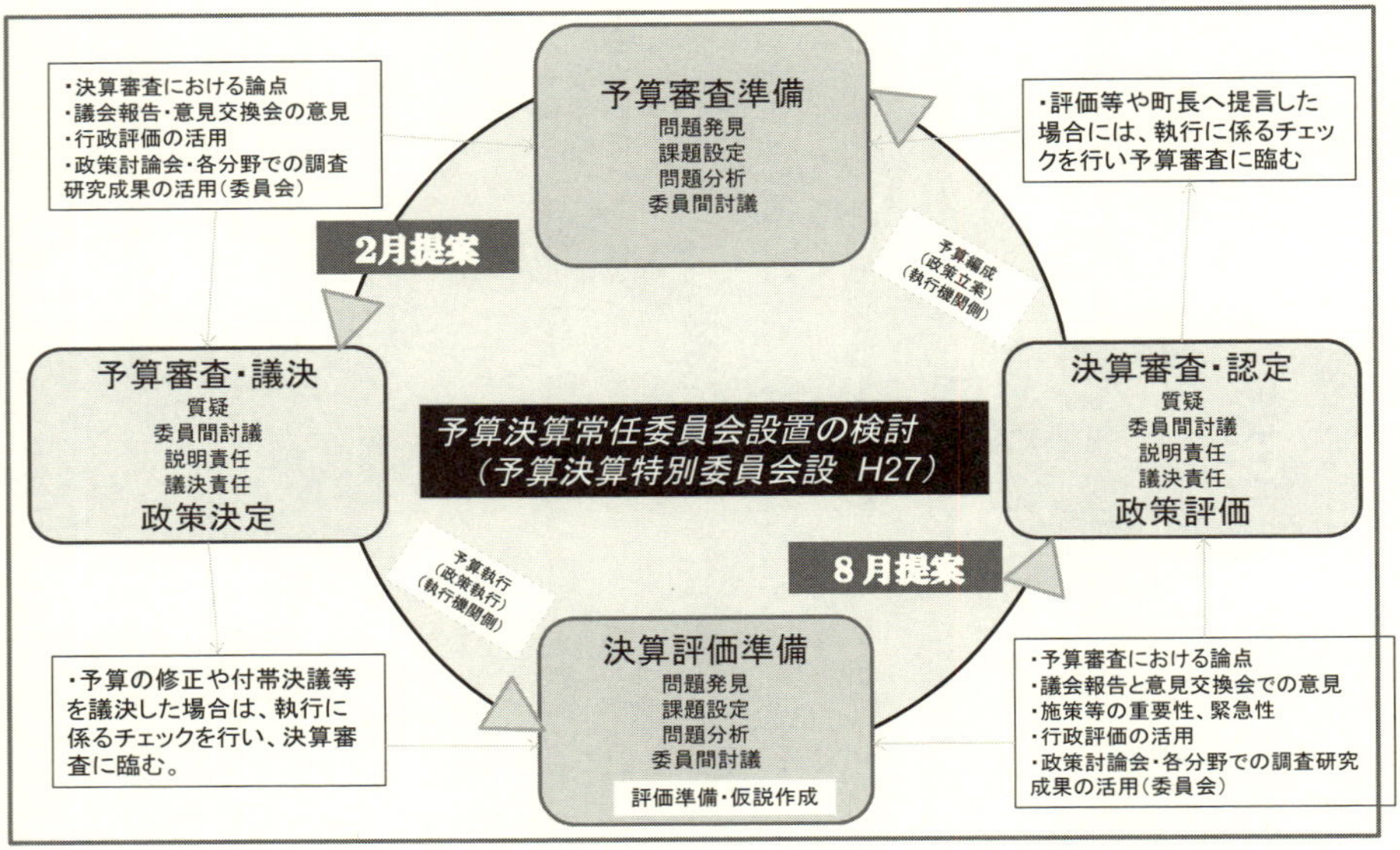

策提言する事項は、議長が首長に提言書を手交することが多いのですが、昨年度は本会議で決議して提言化しています。議会が決議すると執行機関側もその重要性を認識し、改正に踏み切ります。内容はホームページでも公開しています。

議会の広報広聴、議会フォーラム

広報広聴の体系は、「年」の広報としては議会報告会の実施と議会白書を発行しホームページでも公開する。「月」の広報は議会だよりを毎月発行する。「日」の広報は毎日ホームページを更新し、ＳＮＳで情報発信しています。

議会白書のまとめと作成は議会事務局で行っています。議会白書の作成と公開は議会基本条例で定めており、福島町議会を参考にしました。議会活動年報、履歴化を図り町民に公表しています。最近では、常任委員会ごとに白書を発行する議会もあります。こうした白書は議会運営上、改選期の引き継ぎにもなるので有効であると思います。

議会だよりは町内のほぼ全世帯に配布されていますので、町民に目を通してもらえるようにお願いをしています。編集内容の企画は議運が行い、編集の実務作業は全て事務局で行っています。これは議員には議事に集中していただきたいということで、役割分担をしているものです。

ＳＮＳは、フェイスブック（Facebook）、ライン（LINE）、ツイッター（Twitter）を導入しました。更新回数が多いのはフェイスブックで、登録者は六〇〇人に迫っています。

議会ホームページは、ほぼ毎日更新しています。広聴では町民の意見をハガキ、またはメールで投稿してもらう議会ホットボイスがあります。五年間で五四件の意見が寄せられ、氏名記載のあるものは郵送で回答し、ホームページ、議会だよりにも内容を掲載しています。

議会報告会、町民との意見交換会を総称して、「議会フォーラム」としています。三つのかたちがあり、一つは地域別に行う意見交換会、二つめは商工会やＪＡ、福祉の団体などへ常任委員会が出向くもの。三つめは全体フォーラムで年に一回か二回、議会が取り組むことについて町民との研修会とワークショップ、町外の有識者による研修などを行っています。

地域別意見交換会を二〇〇九年からはじめ、一会場で六六人の町民が参加しました。このときのテーマは議員定数と報酬額でしたので、町民からは厳しい意見が多々寄せられました。以降、毎年、意見交換会、議会報告会を開催しましたが、徐々に行き詰まってきました。参加者は減少し始め、会場が異なっても同じ人が参加し、特定の参加者が議会批判を中心に長時間発言し、対応できない議員をやり込める場、というような状況になっていました。

このため、二〇一三年から意見交換会の開催内容を変えました。参加した町民全員が発言できるよう、ワークショップの手法を導入したことにより参加者も増えました。町民から出された意見を議会がどのように実現しようとするのかが見えることによって、次回の機会への参加に結びつくと思います。ですから、意見交換会の内容を議会だよりに載せ、こんな話をして楽し

表1　議会改革フォーラムの開催状況
（議会報告と町民との意見交換会）

年　度	参加人数	会場数	概　　要
2009	66	1	
2010	86	3	
2011	233	7	
2012	146	7	
2013	（改革）225	7	議会フォーラム１回
2014	（改革）383	13	議会フォーラム２回 11 老人クラブと意見交換
2015	441	13	議会フォーラム２回 11 老人クラブと意見交換
合　計	**1,580**	**51**	

くやっていますとＳＮＳで情報提供しています。この結果、二〇一五年には一三会場で四四一人の参加に至りました（**表1**）。

二〇一四年には老人クラブと集中して意見交換会を行いました。議会に対する批判的な意見は少なく、それぞれの人生経験を背景に建設的な意見が多く出されました。老人クラブの集まりは午前一一時からはじまり、一二時からは昼食会になるので、意見交換会は正味一時間で延長がなくコンパクトに終わります。二年間行ってきたので、次は世代を替えた交換会が必要になっていると自覚しています。

団体との意見交換会は、二〇一二年八団体、一三年一二団体、一四年五団体、一五年七団体と行っており、議会の各常任委員会（総務・経済・厚生・文教）が核となっています。

全体フォーラムは、講演、報告を聞くスクール方式の運営でしたが、現在はワークショップ方式で行っています。

意見交換会で出された町民の意見を分類し、各常任委員会に振り分け、議会自ら検討課題とするもの、要望として受けとめるもの、政策提言するものなどのフローを示したのが**図4**です。町民からの意見が、議会でどう議論して展開されていくのかが明らかにならないと、町民から信頼を得られないことから、ここは重要な点だと思います。

図4　意見・提案・要望等のフロー
（H26 → 54 項目 275 点）

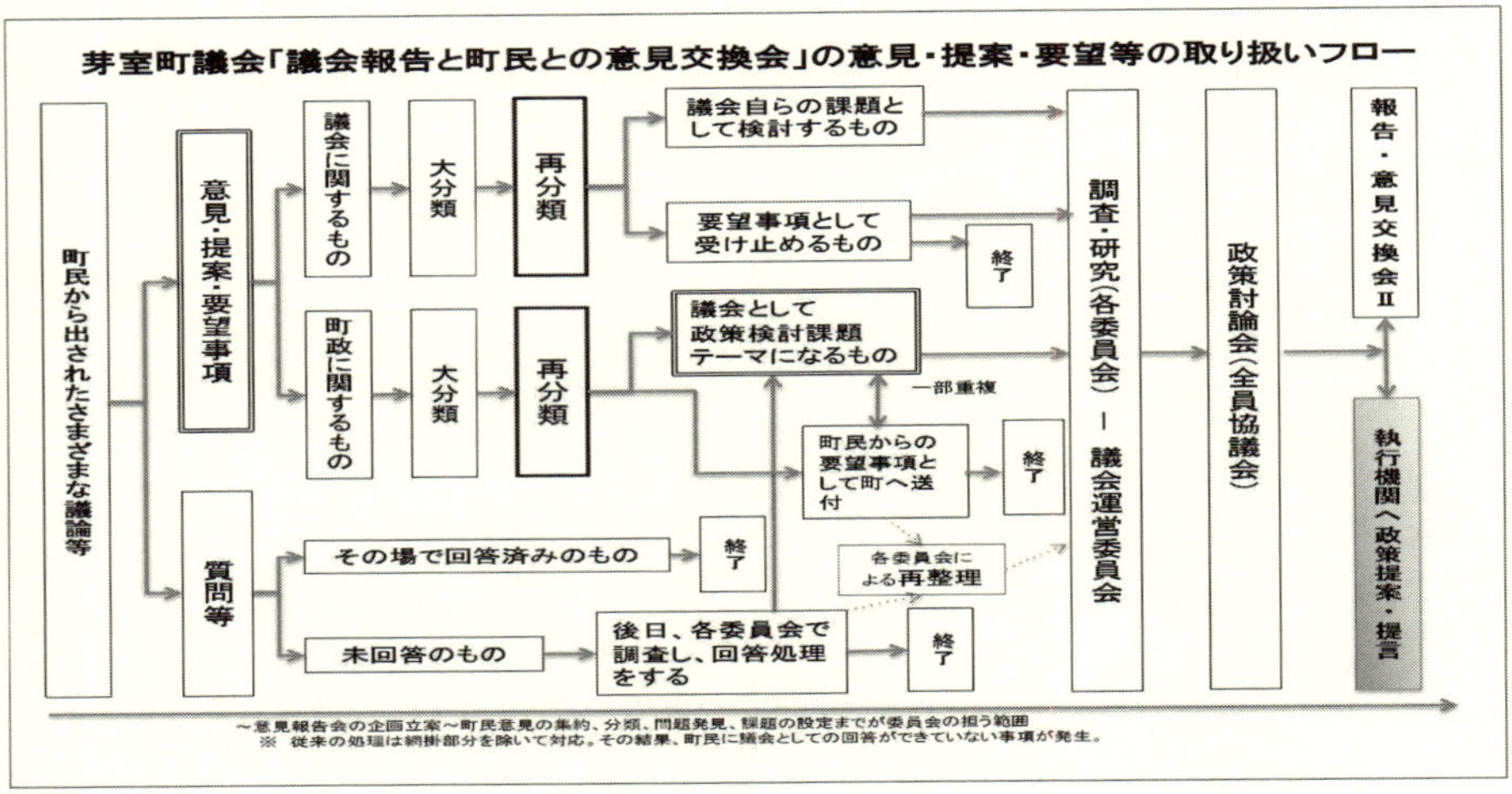

議員研修計画

議員研修会は研修計画をつくり毎年一〇回程度行い、二〇一五年度は一三回行いました。当初は研修予算がなかったので、議員会会計の予算を使っていましたが、一二年度からは予算を組んで要綱化し計画的に行い、一五年度までの五年で延べ五四回行いました。このうち議会主催が四〇回、議員会主催一〇回、委員会主催が一回です。

研修会は町民の皆さん、議会モニター一〇人、諮問会議委員五人、町職員、周辺自治体の議会議員へも参加を呼び掛けます。研修内容は議会運営から政策研修に比重が移っているのが特徴です。

二〇一二年には北大公共政策大学院と芽室町議会

とで包括連携協定を結び、主に研修事業やシンポジウムなどを行っています。北大大学院生との交流では、学生が芽室町議会議員の報酬の算出について研究をしていただき、算出手法を議会でも参考にしました。

政策形成サイクルの観点では、北大の各先生から政策分野ごとのアドバイスをもらい、その内容はホームページで公表しています。

議会サポーター、モニター制度、議会改革諮問会議

議会サポーター制度は、栗山町議会の制度を参考に制度設計し、二〇一二年四月に五人を委嘱、現在は大学の先生を中心に七人に委嘱しています。主に議員研修の講師、議会運営と政策形成分野のアドバイスをお願いしています。

議会モニター制度も一二年からはじめ、町民の皆さんにお願いしています。モニターは一〇人、任期は一年で連続二年まで。毎年半数の五人が残り、五人が新しいモニターに交代するようにし、二〇一五年まで延べ三〇人に委嘱してきました。

モニター会議は各委員会の議員と一緒にロの字型にテーブルを囲んでの会議でしたが、意見交換会

と同様に少数の人が長く発言し、それに対して議員が答えらずに窮する事態にもなり、他のモニターと議員は傍観者になってしまいました。このため、モニター会議もワークショップ方式にして、議員とモニターがそれぞれ少人数に分かれて話し合うことにしました。二〇一二年から一四年まで一二回モニター会議を開催し、一七九項目の提言がまとまり、これらを各常任委員会で協議しています。

二〇一六年七月からはモニターを二〇人に増員することが決まっています。これまで議会運営全般を取り上げていましたが、今後は政策提言のモニターとして各常任委員会の活動に密接に関わり、提言をいただくことになります。これは視察調査した長野県飯綱町議会の方式を参考に改革するものです。

議会改革諮問会議は二〇一三年から導入しました。議長が町民五人に委員を委嘱し、この任期は二年としています。初年度は議長から、議員定数、報酬額、委員会数(委員数)、政務活動費導入、議会活性化策、議会基本条例改正の六項目を諮問しました。諮問会議は、定数は維持し、報酬は金額を示し引き上げる答申をしました。

諮問会議の議論に、議員は一切関わっていませんし、事務局も何ら原案を示していません。諮問会議は議員の活動日数や議員アンケートなど半年に及ぶ調査を元に係数等を用い、報酬額引き上げという結論に至りました。

諮問会議委員には、議会改革に対し積極的に発言していただいた議会モニター経験者が複数就任しています。諮問会議の場でも、人数が多い、報酬を下げろという議論になると思いましたが、数字上、道内で最も活動している議会なのだから報酬を上げるべきだと発言が変わってきました。事務局では、次期の議会のための定数、次の改選で議員になる人のための定数と報酬なので、現職議員の顔と発言していることを忘れて、議論してくださいと委員にお願いし続けました。

現在は二期目の諮問会議委員に移っており、全員が議会モニター経験者です。政策提言型議会に向けた制度設計、議会図書室機能、議会ＩＣＴ、議会ＢＣＰ、議会改革策、議会基本条例改正の六項目の諮問に対し、既に今年二月に答申がなされました。議会への住民参加として有効な制度であると思います。

一般質問・質疑の追跡システム

議会での一般質問の課題は、議員個人の質疑にとどまり、その後の対応や実現したのか不明なものがあります。執行部は答弁した内容を、二、三年経ってから平然と実行し、または事業の名称を変え平然と実行することもあることから、質疑追跡システムはそのことを明確にし、議会として取組もうというものです。

龍谷大学の土山希美枝先生を講師に、一般質問研修を二回行いました。一般質問追跡システムは定例会議が終わってから、全議員にシートを配り、一般質問の内容について、各常任委員会で追跡調査を行う項目を挙げてもらい、各常任委員会で追跡する項目を決定するものです。

議員個々が記入するシートは簡便なものです。記述する項目は四項目で、自らが所属する常任委員会で追跡調査すべきと考える政策・事務事業等で、一般質問と質疑（討論）等に分けています。他の常任委員会に追跡調査を依頼したい政策・事務事業等で、これも一般質問からと質疑（討論）等から。議会運営全般に関する検討するもの（定例会議を通じて、改善に向けて取り上げるべきもの）。その他として、定例会議を通じて改善に向けて取り上げるべきもの、審議方法などで分からなかった点などを記載します。

これらをシートに記入したあと、常任委員会ミーティングで追跡事項を決定しますが、これは正式な常任委員会ではないので、非公開で行っています。決定した事項は全て議運で報告し、議会全体での情報の共有化を図ります。決定した項目は各常任委員会で追跡調査を行います。調査を含め、まとまれば委員会、本会議での提言決議という流れになります。

議会だよりに、「○○議員の一般質問の追跡調査を○○常任委員会で行います」。または「○○議員の一般質問を○○委員会で追跡調査を検討中」と掲載します。

一般質問がどう政策に反映されたかも議会だよりに載せます。議員の一般質問と、町長の答弁、その後の臨時会で政策決定し、補正予算を可決したことなども載せています。

委員会内と委員会間のコミュニケーションの課題はあります。Ａ議員の一般質問の内容が、Ａ議員の属さない委員会のことだと、委員会ではＡ議員の質問を追跡調査することを躊躇してしまう。質問内容よりも議員をみて判断することがあり、内容で判断できるようにすることが大事です。

委員会間の競争意識も働きます。あちらの委員会の追跡調査は何項目、われわれの委員会は何項目と、提言と決議の数が分かるので委員会間で競い合うことがあります。ただ、追跡調査の項目が多くなると、対応できなくなることがあり、調整している状況もうかがえます。

議員間（自由）討議

各議会で議員間の自由討議が課題に挙げられます。しかし、自由討議をしなければならない、と断定的に捉えるのではなく非公開の委員会ミーティングを採り入れ、委員会に付託する案件や課題を公開で審議を行うことで必然的に議員間討議になっています。委員会の意思を一つにまとめるときには、委員会内の協議として相互で討議になります。ですから、取り上げる議案の内容によって、おのずと議員間討議になっていきます。進行具合は委員長のリーダーシップに左右されます。

非公開のミーティングでは委員長が会議の進行をあえてしないのもいいと思います。委員会は会議条例や規則に基づいて、議員が挙手をして、委員長が指名してから発言する。委員長が司会を務めるものですが、このような方式だとなかなか自由討議は展開できません。改めて常任委員会を開催したときは、委員会ミーティングの討議内容を整理して発言すればいいと思います。議員間討議をしなければならない、とは言いませんし、公開されているかどうかは大事ですが、重要ではない。重要なのは、議員の意思が論点、争点化するくらいぶつかり合ったかということだと思います。あえて議会事務局が入らない場づくりの必要もあります。

委員会付託の案件は必ず議員間討議になり、執行部に対する政策提言も委員会の考えをまとめなければならないので、自ずと議員間討議になるものです。

今年五月から全議員にタブレット端末を配付しました。おそらくは、道内の議会では初めてのことであり、全ての議案をタブレットに入れて紙をなくすような方向を目指しています。その他に総合計画をはじめ町の各種計画が約五〇とスケジュール、今後は各法律と条例が入っていくことになります。また、ホワイトボード、模造紙を用意し、出された意見、考えを書き込んで整理していくことが必要です。つまり、新しい会議の手法を目指している状況です。

本会議ではまだ自由討議を行っていません。議員間で自由討議をする場合は、執行部側がいるとやりにくいので、議場から執行機関に退出してもらうことが基本になると思います。試行を踏まえながら実践されていくことになると思います。

また、政策討論会という場を設けています。全員協議会の際に、今日は政策討論会の日と位置づけ、議員同士の討議の場を意識的につくることが重要です。

議会事務局のスタンス

会場に議会事務局の方がお越しになっていると思います。もしかすると考えが異なると思いますが、私が考える議会事務局の姿勢は、まず執行機関、首長と距離を置くことだと思います。各課長とは情報共有のために、こういう質問があるかもしれない、こういう協議があるかもしれない、ということを提供します。以前までの局長はよく町長室に呼ばれていましたが、私は町長、副町長とは一切の協議や調整をしませんでした。

二つめは、議員との緊張関係を維持すること。密接な関係にならない。三つめ、全国の議会改革の情報収集の感度をよくすること。しかし、議会改革度、先進地などの全国一位を目指したわけではありません。どこその議会ではこうした改革をしている、という情報を事務局として押さえておく。

四つめは、いとわず諫言すること。私は議長に対して、事務局長としてはこう考えると明確に伝えます。議員に対してもそれは間違っています、と告げるので憎まれていたと思います。でも、事務局として毅然な態度が必要だと思いますし、言い過ぎたら謝ればいいくらいにしか思いません。

五つめは、議会戦略・戦術を練って備えること。議長、委員会委員長は方向性を示すので、事務局はそれを具現化する。事務局はいろいろな手立てをし、執行機関はこう言うだろう、こういう姿勢を取るであろうとあらゆる予測を立て、準備することが重要です。

芽室町議会は何を変えたのか

私が議会事務局に異動した際、変えようとしたことは三つあります。

第一は、議員の意識改革です。住民は議会や議員が通常何をしているのか分からないと言っています。そのことを議員が認識することによって、議会改革の一歩が始まるのだと思います。

第二は、政策に向き合う議会です。追認議会から完璧に脱却することです。五年間で原案否決したのは七件で、決算は二年連続で不認定にしました。

消防団条例の原案否決は、今年（二〇一六年）二月に北海道新聞の全道版で大きく報道されたのでご存知の方も多いと思います。経過を説明すると、執行機関提案の消防団条例原案を否決し、議員が修正案を提出し、修正案は賛成多数で可決されたものの、可決した修正案に対し町長が再議権を行使しましたが、臨時会の採決で再議は退けられました。その後、委員会が新たな条例案を提出し、全会一致で可決しました。

こういう進め方ができたのは、議会基本条例に基づいて議会運営してきたからでしょう。首長提案を追認するのは簡単なことで、議決後、二〜三年してから条文の一部を修正する方法もあるでしょう。しかし、議会は新たに消防団を設置するのだから、しっかりした内容の条例を議決したいという考えでした。

当町議会サポーターの神原先生は、芽室町は「総合改革型議会」で、議会基本条例をベースにした議会運営と活動を評価し、次の年に課題を解決する姿勢を見せているとの評価をくださっています。課題解決の積み重ねとバランスの良さが特徴だと思います。神原先生は「政策議会」を目指すべきとアドバイスをくださっています。北川正恭・早大名誉教授は、「政策型議会」を目指すべきと説いています。総合計画条例を制定したので、今後は政策への向き合い方がポイントになると思います。

第三は、住民から期待、信頼される議会です。住民から期待、信頼されない議会であれば、議会不要論は必ず浮上します。制度的に選挙があって議会が構成されますが、執行機関側からすると議会がなければ、執行はスムーズになるという見方が正直いってあるのでしょう。役場の係長以上であれば、議会というものをそれなりに理解しますが、一般職員は議会が何をやっているのかあまり知らないし、委員会の審議が紛糾するとなれば、議会とは難癖をつけるところだという見方もするでしょう。

住民から信頼される議会になるためは、まず職員から一目置かれなければならない。このため、全会議の中継録画配信を行い、職員もこの中継を注目して観るようになっています。議会中継は議会の活動を知ってもらうためには有効な手段です。

最後に、町民・議員・首長・職員の四者の変化を申し上げると、現在は町民からは議会は何をしているのか分からない、という声は聞かれなくなりました。最近では、どうして執行機関ともめているのか、という声があります。

議員、議会活動が見えていないときは、議会は不要という意見がありましたが、採決で提案否決が増えさまざまに報道されると、今度は町と議会の調整がうまくいっていないのではないか、他の町に対して恥ずかしい、という意見がでます。恥ずかしいことの責任は誰がとるのか、誰の調整が悪いのか、議長あるいは事務局長が調整をするべきだ、と言われるようになります。

争点が出たとき、調整するのが議会事務局だろうという声があります。かつての議会はそうだったでしょう。でも今は調整するのは議長、事務局長ではありません。執行機関側の課長なり、副町長が議員との話し合いにより争点箇所を見出し、原案修正する。あるいは提案時期を動かすことなどで、まずは否決を避けることができると思います。

芽室町議会の今後の改革の視点として、強い議会の再来、進化を求めたいと思います。私が役場に入った頃は議会が強いという印象があり、議事堂のある「三階がダメだと言っている」からと政策が前に進まないことがありました。一方、長側は住民参加や情報公開を利用して議会を乗り越えていこうとする。いろいろ議会側が提言しても聞いたふりをして実行しない、あるいは二、三年経って知らないうちに実行することを続けるのかもしれません。議会は一つの塊となったときのその強さというものを認識することが重要なのだと思います。その一つの塊、論点化のためには議員間討議が前提となるのは言うまでもありません。そうした議会の姿が住民の福祉の向上につながってくるということを信じてやみません。

以上で報告を終えます。

（にしな・じゅん）

ディスカッション

議会改革はここまで到達した

―芽室町議会改革の全貌と特色―

広瀬 重雄（芽室町議会議長）
西科 純（前芽室町議会事務局長）
神原 勝（北海道大学名誉教授）

1　総合型議会改革　―芽室町議会のオリジナリティ―

総合的、体系的な仕組みと制度

神原　一〇年前の二〇〇六年五月一八日、栗山町議会が全国ではじめて議会基本条例を制定しました。本日の西科さんのお話をうかがって、かつて松下圭一さんが話されたことを想い起こしていました。意義のある改革課題が提起され、それが実践できる課題として認知されて具体的な改革が広がっていくには、一〇年という時間が必要だということです。栗山発の議会改革は全国に七〇〇の議会基本条例をもたらしていますが、先ほどの広瀬議長、西科前議会事務局長のお話をうかがって、その改革のレベルにおいても、一〇年を経てここまで到達したのか、と率直にいって感慨深いものがありました。

自治体議会の改革はこうして全国に広がってきましたが、各地の議会が同じ歩調、同じレベルですすむわけではなく、議会間の格差が拡大していきます。新しい議会の確立をめざしてどんどん先端を切り開いていく議会、それを追うかたちで改革を積み上げていく議会と、そして従来型の議会慣習にひたってまだ眠りから覚めない議会、このように三分化しながらすすんできていると思います。

議会間格差といってもマイナスイメージでいっているわけではありません。先頭が新境地を開いて手本を示すかぎり、それを追いかけ追い越せと後続部隊が続いていきます。そして先頭に立つこともありますし。先頭を走っていても、油断をすれば、ウサギとカメのたとえのように遅れをとってしまいます。このようにプラスの方向に向かっての格差ですから、私は、これは能力の格差ではなく時間の格差だと思っています。

私は、この間のめざましく成果をあげている芽室町議会の改革を「総合型議会改革」と特徴づけました。なぜ、総合型なのか。あるとき西科さんが私に「わが議会はたくさんの改革をしているけど、その一つ一つにオリジナリティーはない」と話したことがありました。そこで私は、全国の議会は改革をはじめているけど、部分的な改革の域を出ないところが多いのではないか。その意味で、一つ一つにオリジナリティーはなくても、総合的に実行していることが、芽室町議会のオリジナリティーではないか、といったのです。

そして今日お二人の話しをあらためてうかがって、総合的、体系的に議会のあり方を変える仕組みや制度をつくっていることがよくわかりました。そして改革の中身を見ますと、総合性だけではなく、芽室町議会がはじめた新しい改革もありますし、レベルを高めたものもたくさんあります。

芽室町議会改革の最大の特色は、今日の自治体議会改革のカタログだということです。芽室町議会一カ所でいま日本の自治体議会が何をめざし、何を改革しようとしているかがよくわかります。その意味で、芽室町の市民に対してはもちろんですが、議会改革を志す全国の人々に対して議会を見える化した功績はきわめて大きいと思います。

議会改革がここまですすんできますと、次なる課題は「議会が変われば自治体が変わる」、すなわち、議会の改革は内部運営的な改革にとどまらず、市民政府としての自治体の再構築を自覚した議会改革が問われることになります。具体的にいえば、自治体を運営する主体は、政治主体である主権者市民、そして制度主体の議員・長・職員の四者ですから、それぞれにどのような影響を与える改革かということです。

さらに具体的にいえば、自治体は地域の公共課題を政策によって解決するための市民の政府ですから、その自治体の政策活動に議会がどこまで肉薄していけるか。自治体の政策活動をめぐっての議会と四者の関係の改革が問われることになります。本日は、このような課題も展望しながら、お二人の問題提起を補足する意味でもう少しお話をうかがいたいと思います。

先端情報をあつめ改革意識の共有化

神原　芽室町議会はほかのまちを参考にして、道内では栗山と福島の両町議会、道外では福島県の会津若松市議会、長野県飯田市議会など、先進的に取り組んでいるほかの議会の情報を丹念に取得し、それを吟味し手を加えながら芽室町議会の改革として独自のものをつくり上げていると思います。全国の議会改革の先端状況をとらえる。これは改革の第一歩ですが、このあたりの問題から始めたいと思います。どんな努力がありましたか。

西科　芽室町議会は議会基本条例をベースに議会改革・活性化をすすめています。条文にある項目がどのように各地で展開されているかについて、「ガバナンス」「地方自治職員研修」「自治日報」などの情報誌から、事務局がまず収集・整理します。議会運営委員会が議会改革の中心ですが、この議運委を開催する前に正副議長、正副議運委員長と事務局で必ず会議を持ちます。年間五〇回から六〇回くらいの開催になりますが、情報交換を踏まえて議運に提案していく。先進地の情報を参考にして議会改革をすすめていきますが、議運委以外の議員からの反対意見や拙速という慎重論が出ることも想定しながら、全員協議会で、議員間の温度差を埋めていく一連の作業を行います。ここは苦労する点です。

改革に向けて、先進地調査に行く前にはほとんど実行することを前提としています。定例会では必ず議運委員長報告を行いますので、導入決定の後付けとなる資料的な整理、展開と捉えており、改革は自ずから加速化していくことになります。

議員任期の四年間のうち、改革は二年目、三年目に集中しました。四年間の任期のうち実質二年で議会改革をすすめました。急速に改革をすすめたので、その反動を埋めることは苦労した点かもしれません。

神原 自治体が新しく取り組みをはじめるとき、全国一七〇〇以上も自治体があるのですから、どこかに類似の先行例があると考えなければなりません。「情報なくして改革なし」です。ですから、改革が先行している自治体があるという前提で調べて、情報を集める。そうした情報を議会であれば事務局と議員が共有し、先駆議会の視察も交えながら吟味していくことが大事だと思うのです。

最近は、地方自治関係の情報誌もたくさん出ていますし、また議会改革関係の本もそれなりにありますから、意識すれば情報は得られます。ところが改革の遅れている議会では議員はもちろん事務局の職員もほとんど読んでいません。そこで職員になぜと聞くと「議会から指示がない」などといいます。

芽室町の場合は積極的に情報収集していますが、一般論として、議長、議員からいわれなければ事務局は情報を集めないのだろうか。議会に改革志向があるか否かはともかくとして、議会事務局職員として議会に関する先端的な情報を集めるのは重要な職務だと思います。議長、議員から指示がなくても、指示があったときは即座に示せるくらいの、普段からの情報蓄積と改革動向の解説ができるくらいの学習は最低限してほしいのですが。

広瀬　私が議長になったときと、西科事務局長になったのは同時期で、そして互いの考える議会改革の方向性は同じなので、私は事務局長に対して、先走ってもいいから色々情報を集めるようにと伝えました。そして先進地視察の目的と内容、視察先の選定などは全て事務局に任せてきました。

私たちも情報誌を見ますし、インターネットも見ますが、全国の議会で住民との意見交換会の先進地はどこだろうか探してほしいという言い方しかしていません。ですから、議会の指示、あるいは事務局が自発的にかはどちらでもいいと思っています。大切なのは改革の意識、改革目的の共有だと思います。

神原　議会は市民に見えない議会から見える段階に到達し、そのなかで改革課題も実践例も蓄積されています。ですから議会の改革をはじめる、あるいはすすめるためには、全国に目配りした改革の先端情報が不可欠になります。この場合、とくに議会事務局の職務としてそれを日常的に行うことが大事ですので、あえてお尋ねしました。

議会改革の課題を九五％網羅

神原　芽室町はたくさんの改革を積み重ねていて、おそらく日本の自治体議会改革が一〇年来積み上げてきた改革課題はほとんど、ないしは九五％くらいは網羅されているのではないか。個々の改革テーマの進捗度は問題の性質上さまざまでしょうが、これから新たに着手しようと考えておられる改革課題、改革テーマはあるでしょうか。

広瀬　神原先生から、総合型改革の議会と評価されていますが、なぜ総合的なのか。先ほどの改革・活性化策の図には、二二策あるいは二四策の改革・活性化策があり、このうちどれが欠けても、改革は十分なものでありません。情報公開、住民参加などいろいろな道具を使って政策提言し、最終的には住民の福祉向上につなげていくためには、一つ一つの改革項目が必要だったということです。

ですから、たくさんの改革を行っているという意識でなく、住民福祉向上のために必要な項目だった。今後はこれら改革項目をどう進化させていくか、実のあるものにしていくことが課題です。

改革の成果が住民に還元され、議会は住民のためにやってくれたのだな、と思われる議会になるには時間がかかります。住民の意見交換会で議会、行政に対して政策課題が提案されたときに、「できます、できません」と簡単に言えません。住民から課題の提案があったとき、議員全員で議論を尽くし、最終的に議会が提案をし、予算化するためには執行機関側にも理解してもらうことが必要です。こうしたかたちになるのは、年単位の時間がかかるので、一つ一つの改革項目、道具をどうやって進化させていくかです。

人口一万九千人のまちで、一部の町民の声しか聞けていません。声を発することができない住民の要望をどうまちの政策に反映させていくか、そして議会はその住民の声をどのようにして聞くことができるのか。ここが不十分で、課題です。

意見交換会に来られない住民には、こちらから出向いて意見を聞く。それでも会えないときは、SNSの利用やアンケートで住民に聞くことになると思います。先ほど西科前事務局長が紹介した老人クラブとの意見交換会は、議員三人ずつのグループになって町内の各老人クラブを訪ねました。さらに、外出が制約され、意見交換会に来られない、子育て中の母親たちから、子育てに関わる要望や悩みなどを聞く仕組み、手立てが欠けています。そんなことを考えています。

神原　これは議会活動の基本である対市民の問題ですね。西科さんはいかがですか。

西科　早稲田大学マニフェスト研究所が二〇一四年に全国議会改革調査を行い、約一五〇〇の自治体議会が回答したなかで芽室町議会が一位となりました。調査は住民参加度、情報公開度、議会の機能強化の三分野について五〇項目～六〇項目行われますが、住民参加度と議会機能強化度の分野で大差をつけての一位でした。住民参加と機能強化は関連することですし、今後もこの分野をどれだけ進化させられるかがポイントになるでしょう。

神原先生が言われたように、改革課題の九五％くらいまで着手しているとは思いますが、これらは議会事務局が行える範囲の改革です。ホームページの管理、ＳＮＳ発信、議会広報の編集発行、制度設計の上での手伝いなど、これらは議会事務局が行える内容なのです。これまでは議会改革をすすめる土壌の改革を行ってきましたが、今後は住民から信頼を得られる成果が必要であると思っています。

政策形成の観点から考えると、総合計画への向き合い方が最重要課題になりますし、同時に子ども議会など、子どもと若者が考えていることを政策化するという未来に向けての課題もあります。

三つめは引継ぎの課題です。議員は四年ごとの選挙がありますし、議会事務局職員も人事異動があります。議会は四年経つと一度リセットする面もありますが、議会の構成が変わっても引き継ぐべきものは何か、そして引き継ぐ手法も議会自体が考えなければなりません。改革を退化させないための装置、この装置とは議会基本条例、活性化計画、議会モニター、議会改革諮問会議などであり、これらは議会改革の強化策にもなりうるものです。

四年間の改革目標とスケジュール

神原　改革をすすめる場合、任期を長くつづけてきた議員が多い議会は、長提案への追認型議会といいましょうか、そうしたいままでの古い慣習から抜け切れず、それを変えることに心理的抵抗があります。芽室町議会の議員は現在一六人で、昨年の選挙で新人が六人当選し、平均期数も二・七期と若い議員で構成されている。若い方が多いと改革のテンポにどんな影響を及ぼすものなのでしょうか。

もう一点。先ほど次を担う議員のための報酬の検討であるとか、子どもの政策や参加など、子どもや次世代への目配りのお話がありましたが、この夏の参議院議員選挙から施行される「一八歳選挙権」について議会としてなにかなさいましたか。

広瀬　議長に就任した四年間で、改革項目全てではありませんが、計画から実行までの四年間のスケジュールをつくりました。議長は一期四年で辞めるつもりでしたので、四年間の期間を設定し、その結果、改革項目の八五％から九〇％くらいを取り組みました。

議長二期目になってからは、残されていた課題のうち議会ＩＣＴ計画では、タブレット端末を今年導入し、議会ＢＣＰ計画（災害時対応基本計画）を今年五月に策定するなど、昨年以降、実行していなかったものを補充してきたかたちです。

改革がやりやすいか、やりやすくないか、という以前に、一六人の議員が一期四年間でこれだけは成し遂げようと目標をたててやった結果を今日報告しています。新しい六人の議員も、改革の進化をどういう手法、手段で行うか議論している最中です。

次の議員になる人のため、という点では、中学生、高校生の若い世代、七月の参院選では一八歳から選挙権を得るので、若い世代にどうやって参加してもらうか、子ども達に議会、行政について興味を持ってもらうために子ども議会の検討をしてきており、高校生議会を行っている岐阜県可児市議会の事例を参考に今年は実践したいと考えています。

若い世代、そして若いお母さん方にも、まちづくりに興味を持ってもらい、参加しやすい方策をつくっていきたいと考えています。

神原　この点、西科さんはいかかですか。

西科　異動する直前の三月に議会未来フォーラムというのを開催し、「子どもと議会」についての計画を立てました。十勝管内浦幌町では行政の取組みとして、小学生、中学生の提言を汲み取って政策化を図っています。これから求められる活動分野であり、高校生のまちづくり提言を実現している道外の先進議会の議会活動として今年は岐阜県可児市議会を視察する予定です。

小中学校の児童会や生徒会の子らを集めたイベント的な子ども議会はよく行われていますが、子ども達の意見をどうまちづくりにつなげるか。地方創生議論のときに執行機関側は子ども達との意見交換を行いましたが、今後も継続していくことが必要です。こうした取組みによって、子ども達は将来も政治への関心を持つきっかけになると思います。しかし、町民との意見交換会も同様ですが、議会が意見を汲み取って、どう協議してどう行動したのかを、子ども達にフィードバックして見せない限り、議会は子ども達の信頼を得ることはできません。「子どもと議会」をイベント化するのではなく、ホームページで情報公開し議会だよりに載せ、実現に向けてしっかりと協議を積み上げる、その事務を束ねることが議会事務局の役割だと思います。それは役割分担上の話であって、事務局を含め議会全体で取組む必要があります。

神原　さすがは「子どもの権利条例」をもつ芽室町議会ならではの発想ですね。

2　内部改革から自治体改革へ・その1　――各主体との関係

議会と住民・長・職員の関係

神原　最初に申し上げたように、議会改革は議会という機関の内部だけの改革ではありません。私は一〇年前、栗山町議会基本条例が制定されたときから、「議会が変われば自治体が変わる」、そうした議会改革をめざさなければならない、といい続けてきました。議会改革がすすむとそのようなところにたどり着かざるを得なくなりますし、それがまた議会改革がどこまですすんだかのメルクマールになります。

その場合、カギになるのは議会の政策活動です。政策提言を活発に行う議会を想定していても、現実的にはそこまで手が届かない状況でしたが、いまは徐々に手が届くようになってきています。先ほど自治体を運営する主体は主権者たる市民、選挙で選ばれた長と議員、そして市民に代わって仕事をする職員の四者だといいましたが、議会が自治体の政策活動に深くかかわるようになれば、四者それぞれ、また四者の相互関係も変わっていきます。

この場合、基本的には長と議会が政策をめぐってきちんと関係を築いていないと、議会が市民の声を聞いても、声を聞いただけで終わってしまうか、あるいはせいぜい質問ていどで長にお願いすることしかできない。ここには議会としての主体的な政策活動がない。そうなればかえって市民の議会不信が高まってしまいます。

職員との関係にしても、議会基本条例に議会は行政をチェックしたり政策提言すると書いても、自治体の政策活動に議会の意思を公式に反映する仕組みがなければ、職員は議会と真剣に向き合うことをしないでしょう。さらに、議会の意思を自治体の政策に反映する仕組みがなければ、議員同士で政策を議論するインセンティブも高まりません。

そこで長との関係に議論を絞りたいのですが、議会は従来のような追認機関であってはならないとお二人からありましたけど、ここは実際どう変わってきつつあるのでしょうか。

長との関係、政策争点の提示

広瀬　四年間で、原案五つを否決し、二案を修正可決しました。私も事務局長も苦労しましたし、議会と町長はうまくいっていない、議会は何をやっているんだ、というのが地元紙と町民の捉え方で、残念でした。

私たち議会は、執行機関と対峙するものではないと町長と職員に話してきました。しかし、理事者の皆さんはそう捉えず、理事者が考えたことを議会で根回ししてうまく計らってほしい、というのが本音です。議会がそうですねと納得し、理事者側の望む行動をとれば、議会改革の方向が変わってしまいます。二元代表制の一翼である議会の役割を理解していただきながら、うまく関係をもちながらやらなければならないのは、難しい問題だということを、強く感じました。

追認機関になってはいけませんし、一方何でも激突することにもなりません。町民のために何が最善かを考える。議員間で政策議論をしていると、何を議論しているのだろう、と職員の緊迫感が伝わってきます。それだけでも私たちの行っていることは有意義なことだと感じます。さらにすすんで、理事者側に不足するものがあれば政策提言をしていく。何でもかんでも理事者側にぶつかっていくのでは、町民の利益になりませんので、互いに補完し合い、協調できることは協調する。しかし機関競争をしていく、その兼ね合いが難しいですね。

神原　同じ問題について西科さんにもうかがいます。先ほど松下圭一先生の「議会の五課題」に触れられました。ここで議会の課題として最初にあげているのは、「政治争点の集約・公開」です。これは議会の会議を市民に公開するだけではなくて、自治体かかえる政治行政上の、あるいは政策上の論点・争点を、議会の討論をとおして市民に示すことを意味しています。議会が「討論の広場」「情報の広場」とされるゆえんです。だから議会改革がすすんでいくと必然的に長との関係が厳しくなっていきます。

西科　議会改革がすすんでいるところだから長と議会の緊張感が高まるのか。それとも関係が悪化しているから議会改革が行われるのか、どちらもありうるでしょうが、芽室町議会の場合は、議会改革をすすめる上で、議員が議案に向き合ったときに、その疑問や課題がそのつど浮上します。議会基本条例第一二条で、長が提案する政策は、政策の発生源や計画における位置づけなど七つの論点で審議することを定めていますが、議案をこの七項目と照らし合わせることで課題を抽出し、それが争点となり、争点化が大きくなっていく過程で原案否決につながっていったのだと思います。

ですから首長との関係を決して悪化させようと思っているのではなく、議案の内容によって対立するような状況になるのであって、議会改革がすすんでいく過程では当然のことだと思うのです。このことを住民には理解していただけるまで、改革は続けなければならないでしょう。

議員は二元代表制の下での町民の代表であり、議会の考えは一万九千人の住民の多くの考え、と執行機関側は認識したほうがいい。議員が言っているのではなく、町民が言っていることとして、まずは捉えるべきです。長は住民の参加を経て議案を提出しているのだけれど、選挙で選ばれた議員が否決している。すすまないのは否決した議会に原因がある、と論じる傾向にあります。しかしながら制度上は、どちらも代行者に過ぎないのです。ここに議会という二元代表制のヒロバがあり、最良の意思を決定すると考えればいい。

それぞれの自治体によって、長と議会の関係は異なると思いますが、その二つの機関の間に入るのは議会事務局、執行機関側の職員、そして直接の影響を受けるのは有権者である町民です。議会側に一斉に町民の視点が集まり、態度、意思が明確でない議員は周辺状況をみながら姿勢を変えていくこともあります。選挙で選出されることも理解し対応する余裕も事務局職員には必要なことですね。

議会と長の論争による決定

神原　先ほど広瀬議長のお話にもありましたように、かつて財政の豊かな時代は行政に任せておけば、時間をかければやってくれるので、市民は要求はするがそれ以上深く関わることはなかった。しかし、財政の状況は厳しくなり、必要な政策は議論し取捨選択し合意を得なければやっていけない。それは行政だけではできないので、合意形成において議会が果たすべき役割は大きなものがあります。そういう時代のなかで議会だけが変わるのではなく、長も変わっていかなければ、うまくいかないと思います。

そこで、各地の政策をめぐる長と議会との関係でどういった問題があったか少し調べてみたことがあります。私から見て長と議会でいい議論をしていると思ったことでも、新聞の見出しはいつも「対立」「紛争」となります。本来あってはならいことが起きている、あるいは議会が長の足をひっぱる、といった、マイナスイメージでの書き方が多い。

これは紛争ではなく、長と議会の論争だと考えればいいのです。いい論争をしなければ、いい決定はできないのです。議会が長との間でいい論争をして論点・争点を市民に示し、それをふまえてこそいい決定ができる。議会についていえば「よい論争なくしてよい決定なし」、長については「よい決定なくしてよい執行なし」ということではないか。

議会で長と議会が議論を戦わせることは好ましいイメージで受け止められない。そうしたイメージがいまだに尾を引いている。議会改革がはじまって十年の時が流れましたが、とくにマスコミの二元代表制認識、あるいは議会認識は不勉強であまり進化していない。そこも変わらなければ市民の議会認識が健全には育っていかない面があります。

広瀬　マスコミはそうした論調で報道するものだと思っています。議会を取り上げてくれるのは、政策議論をしている結果だと捉えるようにしています。私たちは政策論争している、機関競争している意識でいました。議会と長が様々に議論を戦わし、頑張っているのは、町民の暮らしをよくするためで、町長に反対する事が町民のマイナスになるとは考えていません。マスコミ報道に一喜一憂するのではなく、案件ごとの是非を議会議員一六人が一つになって意思表示するようにしています。

論争してその年に予算化されなくても、二〜三年後の実行計画に盛り込んで予算措置されれば、それは徹底した長と議会との議論があったからだと思います。政策議論するのが当たり前のことと考えることです。

条例の議会修正案と再議、委員会再提案

神原　私が申し上げたのは一般論ですが、いまの広瀬議長のお話は芽室町議会の基本スタンスということですね。それで、これは事実関係を聞かせてほしいのですが、消防団条例のことが報道されま

した。議会と長の意見がかみ合わず、最終的には議会が新たな条例案を提出して可決しました。先ほど触れられていましたが、もう少し事実関係を教えてください。

西科　こうした問題が出てくると、議会と長は対立していると報道されることを想定していましたが、報道にあおられていく面もあります。住民の視線を気にする議員が、途中で考えを変えてしまうことも政治の世界ですからありうることです。

全国で最も大きい十勝管内一つの広域の消防組合ができるので、各自治体が消防団を設置することとなり、これまで三町で構成していた消防組合も一旦解散し、それぞれの町で首長が消防団を設置するために必要な条例案でした。町の条例案は、過去の条例と同じような内容でした。消防団員はどこも欠員が多く、防災力の低下が懸念され、報酬の低さの問題もありました。しかし、当町のもっとも大きな問題は、消防団員と執行機関側との話し合いが全くなされずに条例案が提案されたことです。

まちづくり参加条例は、該当する団体と長側は意見交換することと、条例制定についてはパブリックコメントを行うことを定めており、手続きを怠ったことを問題にした議員が、消防団の設置条例原案には賛成できないと動きました。その後、議員提案による修正案が可決となり、これに対して町長は審議をやり直す再議を求めましたが特別採決により退けました。最終的には総務・経済常任委員会が修正条例案を提案し、本会議で全会一致により可決となりました。

道新全道版で、「しかし、町幹部は『議会はすべてを公開で議論する方針で、事前の話し合いがしにくく、論議がかみ合わない場面が多い』と言う」と報じられました。これを読んだ町民は、議会は事前の話し合いに応じないと思ってしまい、公開で議論するのがおかしいと感じてしまう。しかし、密室で議会と長が決めることこそが本来おかしいと思わなければならない。公開で議論する前に、前段の議論を求めているのは執行機関側、調整というニュアンスが入っていますが、だから町の考えが理解されず、議会は否決したという悪者扱いの書き方です。そして地元紙では、どちらかというと町側に立った記載内容になっていました。最終的には条例は可決され、消防団は好意的に受けとめてくれました。そういう積み重ねが大事になる。総務経済常任委員は消防団員と意見交換会を行いましたし、常任委員会の調査では消防団長と副団長を二度参考人として招致し、議会基本条例に則って手続きをすすめ、議決に至りました。消防団側には感謝されましたが、消防団のために行っているのではなく、町民から防災を通して感謝されるのが本来でしょう。議会側はいい仕事をしたと思っていますが、執行機関側はそう思っていないでしょうね。一部から、今回の人事異動で私が責任を取らされたとも聞かされました。

3　内部改革から自治体改革へ・その2 ――「政策議会」への展望

自治・議会・計画条例による自治の枠組み

神原　議会と長との関係のほか市民・職員といった他の主体との関係もありますが、これまでの話しでも触れられましたので、次の論点に移します。町長、行政との関係で広瀬議長がいわれるように、議会改革、議会活動の最終的な狙いは「住民福祉の充実」であり、それを政策として実現することにあります。自治体は地域における課題を公共政策で解決するために市民がつくっている政府ですから、政策が中心課題になるのは当然です。

したがって議会も政策活動を軸に議会活動をしなければなりません。いままでの政策活動は行政が中心でしたから、議会は提案された政策を追認するのが仕事だと観念されてきました。しかし、今後の議会はそういうわけにはいかない。そこで市民・長・議員・職員が共有し参画する政策システムとして総合計画条例が制定されるようになってきました。

二〇一一年の地方自治法改正で、基本構想の議会議決条項が削除され、その直後に一九七〇年代から市民自治型の総合計画の先駆自治体であった武蔵野市は長期計画条例を全国で最初に制定しました。北海道では、二〇一三年に栗山町が武蔵野市や岐阜県多治見市の計画システムをふまえて本格的な総合計画条例を制定し、一四年には福島町で同様の条例、そして一五年に芽室町で総合計画条例を制定しました。

三つの自治体に共通しているのは、議会が主導して総合計画条例の制定に至ったことです。もうひとつこれら三自治体に共通することは、自治基本条例、議会基本条例、総合計画条例の三つの条例がそろったのは現時点では全国で北海道の三自治体だけです。

自治体の憲法といわれるのが自治基本条例。自治体政府（長＋議会）を動かしていく基本的な条例が議会基本条例。議会基本条例は議会だけのものでなく、長にかかわる重要な規定もありますから、二元代表制の運営条例といってもいいでしょう。そして自治体政策の基本となる総合計画の策定と運用のルールを決める総合計画条例。この三つが制定されて、それぞれの自治体を動かしていく基本的な枠組みができあがりました。

このうち議会基本条例は当然ですが、総合計画条例も議会が主導していることに大きな意義があります。十年前はだれも想像すらしなかったでしょう。まさにこれからの議会がめざそうとしている最先端の課題がここにあります。私はそのような議会を当時から「政策議会」といってきました。最近は前三重県知事の北川さんも「政策型議会」といっています。議会改革は最終的にそこに行き着くのです。

議員間の政策の議論を議会の政策提言にどう結びつけるか、議会の政策提言にどう実効性をもたせるか、市民と議会の交流の成果を自治体の政策にどう反映させるか、議会改革のなかから出てくるこのような問題を解決するためにも、しっかりした総合計画条例が必要になります。司会者がしゃべりすぎましたが、あらためて芽室町で議会が主導して総合計画条例を制定した意義とか制定までの経緯をまず仁西科さんからお願いします。

議会から求めて総合計画条例を制定

西科　私が企画財政課長時代に岐阜県多治見市を視察し、多治見市の計画策定の手法を学び、芽室町に導入しました。私自身も総合計画の策定には思い入れがありました。しかし、その後人事異動すると総合計画は自治体計画という観点が欠落してしまった。手法は多治見方式でも、精神は異なるわけです。単年度予算についての議会の審議と採決では、数年にわたる計画の事業がどうなるのか分からない。本来、議会が調査しなければならないのは、二年後、三年後の計画です。そのことについて議会として執行機関側に三年ローリングの実行計画書を提示することを求めてきました。

しかし、計画は執行権の範ちゅうだから公表しないといい続ける。住民に対しても公表しないと言うのです。議会改革がすすんでいない自治体でも実行計画が公表されているケースは多いのです。

議会は、予算審査上、三年後の計画でどうなるのかが大事な議論となります。たとえば建設事業で基本設計、実施設計、本工事と三年くらいかかるとき、最初は委託設計費が計上されます。そのときに建設規模などの情報がないと議会では議論できないので、三年後どうなるかの計画が必要となる。また、大きな事業があると、ほかの事業の予算化が先送りになることがあるので、事業のバランスを考えるためにも計画書が必要ですが、議会には提供されませんでした。そこで、議会事務局職員は役場のイントラネットで全ての計画書をみることができるので、印刷して議員に配付しました。本来は町側が提供すべきものだと思いますが、どうしても議員にはそういう意識を持っていただきたかったのです。

議会が変わろうとするときでしたし、全国の事例や栗山町、福島町の取組みを学び、議会サポーターの研修を受けるなどして、議員も理解を深めていきました。そうしたなかで町側の態度に少しずつ変化が出てきました。原課の課長は、議会が三年後の計画をみないと、一年めの予算の判断をできないことくらいは分かっているのです。栗山、福島で総合計画条例が制定されたことを、私から担当課長に情報提供してきました。執行機関側も町の政策を総合的・計画的にすすめる重要性の観点から、ついに条例を制定することになりました。

条例制定前の二〇一五年一一月に、神原先生を講師に招き、総合計画条例の意義について、議会と町の合同研修会を行い、職員と議員が百名近く出席し、翌一二月、総合計画条例を全会一致で可決制定しました。これで実行計画書は晴れて、住民にも議会にも公表されることとなりました。首長の考え一つで実行計画の公表は可能なものですが、議会側の要求から実に五年の時間を費やしました。しかし、私は議会改革の大きな成果だと思っています。

政策議会に向けての課題と展望

神原　総合計画条例は自治体の新しい動きで、今後は各地に広がっていくと想定していますが、この過程で新しい計画の手法が編み出されたり、議会の取り組み方などについてもいろいろな試みがなされると思います。ただ一言いっておきたいのは、各地に「総合計画策定条例」という名称の条例が制定されていますが、これは従来からあった「策定審議会設置条例」と変わりばえしないもので、ここでいう「総合計画条例」とはまったく内容が異なる点に留意していただきたい。

さて栗山町では「総合計画の策定と運用に関する条例」を議会で検討し、議会条例案を公表しました。そして町は自治基本条例と総合計画条例を同時に制定しようということで、長が議会案を一時あずかって調整し、最終的には町長提案で総合計画条例を制定しました。本日は細かく紹介できませんが、条例には、総合計画に記載のない事業は予算化しないと明言しています。その予算を議決するのは議会です。

最初の四年は財源確保が見通せる事業を中心に「実施計画」をつくる。次の五年後から八年後は「展望計画」として、将来必要と想定される政策を取り上げる。実施計画の改定のときは長の選挙公約も反映させる。計画記載の各事業の目的、財源構成、達成期間、政策履歴などを明示した個票（進行管理計画）を作成し、政策情報として公開します。この政策情報によって、自治体が行う政策の全貌が個々的にも明らかになります。

そして計画にない事業を予算化できなければ、次の計画改定まで待つという窮屈な対応ではなく、議会の議決によって計画内容を変更していけばいい。国が自治体に求める地方創生は、自治体の計画にないわけですから、既存の総合計画にない新規の事業をおこなう場合は、その事業を総合計画に組み込み、議会で計画修正の議決をすることになります。こうして、すべての事業は議会の承認を得るかたちになります。

福島町議会では各常任委員会で政策調査を行い、議会が重視する数十項目の計画事業のチェックを試みています。計画のままでいいのであれば継続、あるいは修正、中止・廃止、新規政策の四つの観点からチェックし、行政に対して議会としての政策の提案をしていくかたちです。まだ試行の段階ですが、こうしたルールがあれば、議会が聴いた市民の意見を議会の政策提案のなかに組み込んで提案していくことが可能になる。もちろん議会が政策提案するなら議員間討議も活発になるし、長との政策競争も実質化していきます。

市民・職員参加をふまえて長と議会が決定する総合計画を軸とした自治体運営の体制がしっかり構築されなければ、議会の政策活動は漂う確信のない政策活動に終わってしまいます。議会が長を動かしてこうした総合計画のシステムをどう構築・活用するかは、まさにこれからの最先端の議会改革ひいては自治体改革の課題だと考えていますが、広瀬議長はどうお考えでしょうか。

広瀬　自治基本条例、議会基本条例、そして総合計画条例を制定し、仕組みはできたので、あとはどう活用していくかです。私たち議会がどのように長、住民と議論して政策実現を目指していくかは、今後の課題です。

基本は、議会基本条例を生ける条例として、条例各項目を実践して政策実現に結びつけていく努力をしなければならないと考えています。

最後に会場の皆さんにお話ししたいことがあります。全国各地の議会改革のいいところを参考にして、その町に合った議会改革、自治のあり方を考え、私たちは芽室町に合ったかたちで改革をします。皆さんには、いいところを吸収していただき、互いに切磋琢磨して、議会は素晴らしいところだと発信していきたい。地方消滅などと言われたりしますが、議会が変われば、自治体は変わります。皆さんとともに議会改革に頑張っていきたい。

神原　広瀬さん、ありがとうございます。とてもよいお話をしていただきましたので、このお言葉をお借りして締め括りの言葉とさせていただきます。これで本日のシンポジウムを終了します。会場のみなさん、広瀬議長さん、西科さん、ありがとうございました。

以上の問題提起とディスカッションは、二〇一六年五月二八日、北海道地方自治研究所が札幌で開催した「議会改革シンポジウム」をまとめたものです。（文責・「北海道自治研究」編集部）

●町民からみた芽室町議会改革

議会モニター制度と議会改革

芽室町議会改革諮問会議会長
蘆田　千秋

人口約一万九千人の芽室町。その町民の一人で、ごく普通のおばちゃんである私が議会を意識するようになったのは、二〇一二年四月である。「分かりやすい議会、開かれた議会、行動する議会」を目指して改革を！と動き出していた議会の改革・活性化策の一つとして議会モニター制度が始まったからだ。モニターをやりませんか。というお話をいただき、議会とは何をしている所か？この縁をきっかけに知ろうとするのもよいのではないか。私のように議会を知らない人は沢山いてその代表として町民目線で気持ちを伝えるのもよいのではないかと思ったからだ。その翌年には議会改革諮問会議が設置され、二年の任期で諮問委員をすることになった。現在は第二期の諮問委員で二年目に入った。この四年と二カ月、私からみた議会改革への感想を書こうと思う。

まず「住民に開かれ、分かりやすく、行動する議会」の意味が分からなかった。それは議会のやっている仕事自体がよく分かっていなかったからだ。議会改革が進めばなぜ町がよくなるのか。議員の皆さんは選挙の時にそれぞれ当選したらこうしたい。とやりたい仕事、町の未来像を話されていた。でも実際はそれを実行する以外に幅広く大量に仕事があり、ゴールがない。それはモニターになり、議会を少し垣間見て分かったことだ。

分かりやすい議会というのは、そういった議会のやっていることを理解してもらう事。これはそう簡単な事ではないと思った。議会の定数を知らない町民は沢山いるのではないか。私が知る前から議会改革は進められていたと思うが、私の視点でのスタートは議会モニター、議会サポーターの設置であった。議会サポーターの先生方から他の事例や助言をいただくことは、改革を客観的に見るためにも、改革の優先順位を考えるにもよいことだと思う。迷った時に質問できる強力なサポーターの存在は重要だ。

議会モニター制度は議会を傍聴し、議員と意見交換を行い、運営に関して提言するために設置された。ここで出た意見をどれだけ汲み取れるかが町民と議会の距離が縮まるか離れたままかのポイントだと感じた。議会モニター第一期の私たちは、いつも用語や文章が分かりにくい。それればかり言っていた。二元代表制？議決権？議会基本条例？議会では普通に使用する言葉でも、知らない町民はそれだけで難しいものだと思って拒否反応が起きてしまう。だから議会もなかなか近いものとはならないのだ。日常生活では使わない言葉だね。だったらどうやって説明しようか。と意識するだけでも違う。

私もモニターとして意見を述べるために、議会の傍聴にできるだけ足を運び、議員研修会に参加し、モニター同士で議論を重ねた。知れば知るほど、議会は重要な責任があることが分かってきた。重要な責任があるからこそ、議会が活性化され議員の資質が向上し、執行機関と切磋琢磨すれば、さらによい町政となり町民に返ってくるのではないかと思う。議会に対して私は随分生意気な意見を言ったかと思う。でも、私たちモニターが議会に足を運ぶ度に、いつも議会の皆さんは感謝の言葉をかけてくれて、笑顔で迎えてくれた。私にとってはモニターをしたことで、議会は前より身近で開かれて分かりやすくなった。私の意識が変わったのだ。議会改革というのは町民の意識をどう変えていくか、ということも重要なことなのではないかと思った。

開かれたという部分では、議会だよりを通年発行、インターネットで全会議中継、ＳＮＳを利用し様々な年代に対して開こうとしている。議会基本条例もつくっただけでは意味がない。利用して活かさなければ、様々な活性化案も絵に描いた餅となるのではないか。これらの取組みを自分たちのものとし、利用し、活かすことで改革が進んでいくと思う。これからも一町民として意見を伝えたいと思う。

（あしだ・ちあき）

〔資料〕

芽室町議会改革の主なあゆみ

1983（昭和58）年
2月　町村議会の機能を高めるための方策（全国町村議会議長会）

1996（平成8）年
3月　地方分権推進委員会勧告中間報告、地方自治体の自治責任
12月　地方分権推進委員会勧告第一次勧告、地方公共団体の事務の新たな考え方、地方公共団体の行政体の課題

1997（平成9）年
7月　地方分権推進委員会第二次勧告、地方議会の活性化

1998（平成10）年
4月　町村議会の活性化方策に関する報告書（地方（町村）議会活性化研究会）
町議会委員会を公開（傍聴者資料配付）

1999（平成11）年
4月　町議会議員選挙
委員会会議記録業務を事務局に移管

2000（平成12）年
4月　地方分権一括法施行
芽室町議会　活性化計画を策定
会議規則を改正（議員提案権、一問一答選択方式導入に改正）
めむろ議会まめ通信を発行（毎月発行）
町長が委嘱する審議会等委員への就任を限定化（民生委員推薦協議会、都市計画審議会土地開発公社役員、議会議員等弔慰審査委員、名誉町民審査委員）
10月　地方分権時代の住民自治制度のあり方及び地
会議規則及び傍聴規則改正可決

方税財源の充実確保に関する答申（第26次地方制度調査会）

２００１（平成13）年

３月　任期途中の辞任及び役職交替の際の月額報酬を日割支給へ、管内日当廃止へ条例改正可決

議会ホームページを開設

会議録検索システム導入

９月　一般質問答弁書を質問者に事前配付

決算審査特別委員会設置

10月　議会インターネット映像配信を開始（本会議・特別委員会・全員協議会）、庁舎一階ロビーモニターで放映開始

２００２（平成14）年

５月　夜間、休日議会開催の見送りを決定

９月　議員定数を四人削減（一八人）する条例改正を可決

２００３（平成15）年

４月　町議会議員選挙

９月　まちづくり特別委員会を設置し市町村合併・単独（自主自立）を調査

合併問題に関する各種団体との意見交換会を開催

長期欠席者に対する報酬・手当の減額措置を規定化

11月　今後の地方自治制度のあり方に関する答申（第27次地方制度調査会）

２００４（平成16）年

11月　自治基本条例関連の議員会主催研修会開催

２００５（平成17）年

２月　議員定数条例等審査特別委員会協議の結果、三常任委員会維持、議員定数（一八人）維持を決定

政務調査費の導入見送りを決定

議員報酬月額を一割減額（二年間）、期末手当支給率を三・一に、役職加算廃止を決定

議会だよりと町広報の合体を検討、従来どおり単独発行に決定

町長が委嘱する審議会等委員への就任を限定化（民生委員推薦協議会、土地開発公社、都市計画審議会、議会議員等弔慰審査委員）

3月　分権時代に対応した新たな町村議会の活性化方策中間報告（第二次地方（町村）議会活性化研究会）

12月　地方の自主性・自律性の拡大及び地方議会のあり方に関する答申（第28次地方制度調査会）

自治基本条例関連の議員会主催研修会を開催

2006（平成18）年

4月　地方自治法改正（議員の複数所属制限の廃止、専決処分の要件の明確化等）

分権時代に対応した新たな町村議会の活性化方策―あるべき議会像を求めて（第二次地方（町村）議会活性化研究会（最終報告））

9月　議員定数を五人削減し一三人とする陳情受領

12月　右記陳情を否決

2007（平成19）年

2月　地方自治法改正に伴う重複委員を協議の結果、議員定数を現行の一八人に決定

3月　自治基本条例を可決（議会関連七条）

議員報酬月額を一割減額に本則改正決定

4月　議会議員選挙

9月　第三次地方（町村）議会活性化研究会が発足―大規模市町村合併後における基礎自治体のあり方と町村議会のあるべき姿

2008（平成20）年

6月　議員定数等議会制度のあり方に関する調査特別委員会を設置

9月　会議規則を改正し議員協議会を公式会議化

10月　土地開発公社役員辞職（議選廃止）

2009（平成21）年

6月　第29次地方制度調査会答申、監査・議会制度のあり方

10月　議会報告会と町民との意見交換会を初開催

11月　三常任委員会の維持、定数一八人維持を決定

2011（平成23）年

3月　全国町村議会議長会優良議会賞受賞
自治基本条例改正可決（反問権追加）
4月　地方自治法改正（法定受託事務の議決事件追加、議員定数の法定上限の撤廃）
議会議員選挙

2012（平成24）年
4月　地方自治法改正（通年会期、議長臨時会招集等）
議会モニター制度（一〇人）・議会サポーター制度（五人）導入
議事録作成支援システムを導入
議会議員研修要綱を制定、計画を策定
6月　自治基本条例改正可決（総合計画の議決権を拡大）
北海道大学公共政策大学院と包括連携協定を締結
8月　本会議場で委員会開催しインターネット中継試行
11月　第七回マニフェスト大賞優秀成果賞を受賞（ベストプラクティス賞—議会広報紙毎月発行）

2013（平成25）年
1月　議会フォーラムを初開催
3月　議会基本条例、会議条例、議員政治倫理条例可決（全会一致）
自治基本条例改正可決（議会基本条例制定に伴う改正）
役場庁舎建設基金条例制定案を否決
4月　議会だよりを通年発行化
文書質問制度を導入
正副議長・正副委員長会議を必須化
議会公式フェイスブック開設
議会ホームページ上に会議録検索システム
議会ホームページ上に全員協議会・委員会会議記録を掲載
5月　通年議会（会期の通年制）を導入
議会白書を初刊行
6月　道町村議会議長会議会広報コンクール入賞
第一次議会改革諮問会議を設置（報酬・定数・委員会数・政務活動費・議会改革策・議会基本条例の適宜改正を諮問）
第一委員会室にインターネット中継用設備を

設置し中継・録画配信開始
9月　職員の給与の臨時特例に関する条例制定案を否決
2014（平成26）年
3月　議会基本条例、自治基本条例、議員倫理条例の議員自己評価を初実施
平成24一般会計決算不認定（再認定付議）
職員の給与の臨時特例に関する条例制定の件を否決
定例会で町長が反論権行使（全国初）
町長からの任期感謝状辞退
議会ホームページのCMS化（コンテンツ・マネジメント・システム）
6月　特別職の給与に関する条例中一部改正案を修正可決
議会政策形成サイクルを導入
政策討論会を導入
7月　議会公式ライン（Line）開設
委員会ミーティングを導入
文書質問制度初行使
8月　議会公式ツイッター（Twitter）開設
9月　平成25一般会計決算不認定
11月　第九回マニフェスト大賞最優秀成果賞を受賞（議会活性化計画など）
12月　議会基本条例一部改正（庁舎建設基本計画の議決権拡大）
議員報酬額・期末手当額の増額改正案を可決（年一回支給に改正）
2015（平成27）年
1月　小・中学生のための議会見学会を初開催
3月　議会基本条例一部改正（都市計画マスタープランの議決権拡大）
議会政策サイクルに基づき六項目を本会議決議
自治基本条例改正可決（町長の責務及び職員の責務に法令遵守追加）
4月　議会議員選挙
5月　早稲田大学マニフェスト研究所による議会改革度調査二〇一四ランキングで全国一位
初議会で立候補制による正副議長選挙初実施

予算決算特別委員会を常設化（四年間）
常任委員会数を一減らし（二委員会）委員数を増員（八人）
議会ホームページ上に議会メール開設
町長が委嘱する審議会等委員への就任を全廃（法に基づく委員を含む）
第一委員会室にプロジェクター・スクリーンを配置
6月　議会サポーター二名を追加し七名に
7月　第二次議会改革諮問会議設置（ICT、BCP等諮問）
9月　町消防団条例を議員提案により修正可決
10月　町長再議請求、臨時会で否決
11月　議会ICT推進計画書を策定
第一〇回マニフェスト大賞優秀成果賞を受賞（一般質問追跡システム等など）
12月　総合計画の策定と運用に関する条例を可決（全会一致）
自治基本条例改正可決（総合計画条例制定に伴う改正）

2016（平成28）年
2月　町消防団条例を委員会提案し全会一致で可決
議会BCP（災害時対応計画）策定
3月　議会基本条例一部改正（災害時の対応を追加）
政策形成サイクルに基づき厚生文教常任委員会が政策提言（二回）
5月　早稲田大学マニフェスト研究所による議会改革度調査二〇一五ランキングで全国一位
議会ICT推進計画に基づき全議員・事務局職員にタブレット貸与
議会BCP（災害時対応計画）導入
議会サーバー、本会議場中継システムを更新
6月　北海道町村議会議長会、議会広報コンクール入賞
7月　議会モニターを二〇人に増員
議会ホームページにアクセシビリティ導入
8月　高校生との意見交換会を実施

芽室町自治基本条例

平成19年3月5日条例第3号

改正

平成23年3月7日条例第5号
平成24年6月12日条例第26号
平成25年3月26日条例第28号
平成27年3月6日条例第6号
平成27年12月28日条例第53号

目次

私たちのまち芽室町は、恵まれた豊かな自然のもと、先人が額に汗し、努力を積み重ね、農業を中心とした経済の活性化と心ふれあうまちづくりを進め、豊かな生活の基盤を整備してきました。

私たち町民は、安全なこのまちで安心して暮らす幸せを実感できるよう、このまちに住むすべての人たちが心を通わせ、人権を認め合い、支え合い、愛着や誇りと生きがいを持ちながら暮らせるまちづくりを進めていかなければなりません。そして、先人の努力の積み重ねによって創られた「めむろ」の歴史や文化、自然など貴重な財産を受け継ぎ、未来を担う子どもたちに引き継いでいく義務があります。

そのためには、自治の主役である私たち町民と、町長、議員及び職員が将来にわたり共有すべき考え方や、自治を実現していくための町政運営の仕組みを具体化し、制度として定めることにより「芽室町のことは私たち自らが決定しまちを創っていく」意思を明確にしておく必要があります。

さらに、それぞれの責任と役割を自覚し、協力し合い、共に生きながらまちづくりに取り組んでいくことがますます重要になってきます。

ここに、私たちは、芽室町政の基本的な制度と運営の原則を明らかにします。そして、この条例が定める制度を定着させ、不足するものは補っていくこととし、町民自治と民主主義が息づく「理想郷の芽室」を実現すべく、この条例を制定します。

第1章　総則

(目的)

第1条　この条例は、町政運営の基本原則として、自治運営の基本的な仕組みを定めるとともに、町民、町長、議員及び職員の責務を定めることにより、まちの憲法として共有され、町民が主役となった自治の実現を図ることを目的とします。

(定義)

第2条　この条例における用語の意味は、次のとおりです。

(1) 町民　芽室町内に住所を有する人をいいます。

(2) 町　町長等及び議会で構成される地方公共団体をいいます。

(3) 町長等　町長、教育委員会、選挙管理委員会、監査委員、公平委員会、農業委員会及び固定資産評価審査委員会をいいます。

(町政運営の基本原則)

第3条　町は、町民が主役となった自治の実現を図るため、次に掲げる事項を町政運営の基本原則として定めます。

(1) 町民の知る権利を保障するとともに、十分な説明責任を果たすことによって、透明な町政を築き、かつ町民参加を効果的に推進するための条件を整えます(情報の公開と共有)。

(2) 参加の意思を持つ町民がいつでも町政に参加でき、また、町民の参加の意欲を高めるため、恒常的な参加の制度及びその時々に応じた参加の機会を多様に保障します（町民参加の町政の推進）。

(3) 町と他自治体、北海道及び国との役割分担を明確にし、これらの多様な主体との相互協力によって、町の公共課題の解決を図ります（多様な主体との協力）。

(4) 総合計画、財政運営、法務体制、行政評価等政策活動の質を高めるために必要な制度の確立及びこれらの運用の原則を明らかにし、最良の手法と技術を用いて政策活動を行います（行政の政策活動の原則）。

(5) 町を代表する町長の的確な意思決定と効果的な政策の立案、執行のため、簡素で効率的な行政組織を編成するとともに、職員の政策能力の開発に努めます（行政組織と職員政策）。

(6) 議会における町民参加と議員の自由討議の推進によって、広く町政の課題を明らかにし、町としての最良の意思決定を導きます（議会と議員活動の原則）。

2 町は、この条例で定める町政の制度を可能な限り相互に関連づけて活用し、相乗的な効果をあげるよう努めます。

3 町は、この条例で定める町政の制度が複雑化して町民を遠ざけることがないよう、簡素で分かりやすく、誰にも共有される制度の改善を追求します。

第2章　情報の公開と共有

（町民の知る権利）

第4条　町民は、町政に関する情報について知る権利があります。

2 町政に関する情報は、町民と町の共有財産です。

3 町政に関する情報の公開について必要な事項は、別に条例で定めます。

（町の説明責任）

第5条　町は、公正で開かれた町政を進めるため、町の仕事の企画立案、実施及び評価のそれぞれの過程において、町民に的確な情報を分かりやすく説明するよう努めます。

2 町は、町民から寄せられた意見、要望及び説明の求めなどに対して、誠実に対応します。

（個人情報の保護）

第6条　町は、町民の権利や利益が侵害されることのないよう、町が持つ個人情報を保護します。

2　個人情報の保護について必要な事項は、別に条例で定めます。

第3章　町民参加の町政の推進

（町民参加の権利）

第7条　町民は、まちづくりの主役として町政に参加する権利があります。

2　町民は、前項の権利の行使に際し、性別、年齢、信条、国籍等によるいかなる差別も受けません。

3　町民参加の活動は、自主性及び自立性が尊重され、町の不当な関与を受けません。

4　町外に住所を有する人の中で、町内で働いている人及び学んでいる人、また、町内で事業を営む法人及び活動する団体についても、町政に参加する権利があります。

（町民参加の保障）

第8条　町は、町の仕事の企画立案、実施及び評価のそれぞれの過程において、町民の参加を保障します。

2　町民の参加について必要な事項は、別に条例で定めます。

（町民参加の拡充）

第9条　私たち町民は、町民参加が自治を守り推進するものであることを認識し、その拡充に努めます。

2　町長等は、町民参加の拡充に向け、町政全般にわたる幅広い意見等を求めるための組織を設置することができます。

（町民投票）

第10条　町は、町政の重要な事項について直接町民の意思を確認するため、町民投票を実施することができます。

2　町民投票について必要な事項は、別に条例で定めます。

第4章　多様な主体との協力

(自治体間の協力)

第11条　町は、公共課題の解決を図るため、他の自治体等との連携、協力を進めるとともに、先進的な取組みを学びます。

2　町は、共通する課題の解決を図るため、関連する自治体間と対等協力の関係を築き、広域連携等の研究を行います。

(国及び北海道との協力)

第12条　町は、国及び北海道と対等な立場であることを踏まえて、相互に連携し、協力関係を大切にしながら、公共課題の解決を図ります。

2　町は、制度改善等が必要な場合には、国、北海道及び関係機関に対し積極的な提案を行います。

(国際交流活動)

第13条　町は、他の国々との交流を通して得られた情報をまちづくりに活かします。

第5章　行政の政策活動の原則

(総合計画)

第14条　町長等は、総合的かつ計画的に町政を運営するため、町のめざす将来像を定める基本構想とこれを実現するための実施計画により構成される総合計画を策定します。

2　総合計画の計画期間は、原則として、基本構想は8年、実施計画は前期4年及び後期4年とします。

3　町長等は、町民参加により総合計画を策定するため、芽室町総合計画審議会を設置し、必要に応じて見直しを行います。

4　町長等は、総合計画の進捗状況を町民に公表するとともに、町民の意見を述べる機会を設けます。

5　第3項の審議会について必要な事項は、別に条例で定めます。

6　総合計画は、町の政策を定める最上位の計画であり、町が行う政策は、法令に基づくもの及び緊急を要するもののほかは、これに基づいて実施します。

7　町長等は、特定の政策における個別計画等を策定する場合は、総合計画との関係を明らかにします。

第14条の2　町長は、前条で規定する総合計画の策定又は変更に関しては、議会の議決を経ます。

第14条の3　前2条に規定するもののほか必要な事項は、別に条例で定めます。

（財政運営）

第15条　町長等は、健全な財政運営を行うため、最少の経費で最大の効果を挙げるよう努めます。

2　町長等は、中長期的な財政計画を作成するとともに、総合計画及び行政評価に基づいた予算を編成します。

3　町長等は、町の財政状況を明らかにするため、毎年度の予算、決算の状況及び財政計画について、的確な指標などを用い、町民に分かりやすく公表します。

4　財政状況の公表について必要な事項は、別に条例で定めます。

（法務体制）

第16条　町長等は、地域の特色を生かした質の高い政策活動を行うため、自主的な法令の解釈及び運用とともに、必要な条例の制定に努めます。

2　町長等は、前項の目的のため、職員の法務に関する能力の向上に努めるとともに、有識者及び法令に関する専門機関等との連携により、必要な体制の整備を行います。

（行政評価）

第17条　町長等は、町が行う仕事について、具体的な成果目標を設定するとともに、目的や成果等を毎年点検し、効果的かつ効率的に町政を運営するため行政評価を実施します。

2　町長等は、行政の内部評価に加え、町民参加による外部評価を行います。

3　町長等は、行政評価の結果を公表するとともに、行政評価の結果を総合計画及び予算の編成等に反映させます。

4　町長等は、最もふさわしい方法で行政評価を行うよう常に検討し、改善します。

第6章　行政組織と職員政策

（行政の意思決定）

第18条　町長は、行政としての意思決定の手続きを行った上で、重要な事項の方針を決定します。

2　前項の規定は、町長部局以外の町の機関についても準用します。

3　意思決定の手続きについて必要な事項は、別に定めます。

（行政組織）

第19条　町の行政組織は、次に掲げる事項に基づき編成します。

(1)　社会や財政状況などの変化に迅速に対応すること。

(2)　簡素で効率的にすること。

(3)　透明性を高くし、町民に分かりやすくすること。

(4)　総合計画や行政評価等を反映させること。

（職員政策等）

第20条　町長等は、職員の政策能力の向上のため、研修の充実を図ります。

2　町長等は、次に掲げる事項を考慮して職員定数適正化計画を定め、少人数で効果的な行政運営を推進します。

(1)　事務・事業の適正化

(2)　財政状況と財政予測

(3)　町の政策課題

(4)　職員の年齢構成

3　町長等は、政策活動を活性化させるため、他の団体等との人事交流に努めます。

（出資団体等）

第21条　町長等は、町が出資している法人名を毎年公表します。

2　町が一定割合を出資している法人経営状況等の公表について必要な事項は、別に条例で定めます。

第7章　議会と議員活動の原則

（議会の役割）
第22条　議会は、町民による直接選挙で選ばれた議員によって構成される議事機関として、町政の重要事項について意思決定を行います。
2　議会には、町民の意思が的確に反映され、公正で民主的に町政が運営されているかを監視し、けん制する機能があります。

（議会の責務）
第23条　議会は、町長等が示す政策方針及び議案等の内容が、この条例の規定に適合しているかを点検します。
2　議会の責務について必要な事項は、別に条例で定めます。

（議会の活動）
第24条　議会は、議員間の自由な討議の尊重のもと、町政にとって最良の意思決定を導くため、議会活動の充実を図ります。
2　議会の活動について必要な事項は、別に条例で定めます。

第8章　町民、町長、議員及び職員の責務

（町民の責務）
第25条　私たち町民は、互いに尊重し、協力しあうとともに、自治の主体であることの自覚をもって、まちづくりに参加するよう努めます。

（町長の責務）
第26条　町長は、町の代表者として法令等を遵守し、公正で民主的かつ誠実に町政を運営します。
2　町長は明確な理念のもと、長期的視野に立って、町政を運営します。
3　町長は、町民の意向を常に把握し、意思を尊重するように努めます。
4　町長は、職員の育成を図るとともに、能力を最大限に引き出すよう努めます。

（議員の責務）
第27条　議員は、町民による直接選挙で選ばれた者として、町民の意向を常に把握し、議会活動に反映し

ます。

2　議員の責務について必要な事項は、別に条例で定めます。

（職員の責務）

第28条　職員は、法令等を遵守し、町民とのコミュニケーションを大切にするとともに、常に町民の視点に立って仕事を行います。

2　職員は、正確かつ迅速に仕事を行います。

3　職員は、前例にとらわれることなく、柔軟な発想により創意工夫のもとに仕事を行います。

4　職員は、必要な情報の収集及び自己啓発に努めます。

第9章　最高規範性と見直しの継続

（最高規範性）

第29条　この条例は、町が定める最高規範であり、町民、町長、議員及び職員は、この条例を誠実に守ります。

2　町は、町政運営の基本原則に基づき、基本的な制度の整備に努めるとともに、他の条例、規則などの制定、見直し及び運用に当たっては、この条例の趣旨を尊重し、この条例との整合性を図ります。

（見直しの継続）

第30条　町は、この条例の施行から4年を超えない期間ごとに、この条例の目的を達成しているかどうか点検を行い、必要な場合は、この条例の改正など、町民参加手続に基づき適切に対応します。

附　則

（施行期日）

1　この条例は、公布の日から施行します。

（芽室町情報公開条例の一部改正）

2　芽室町情報公開条例（平成10年条例第48号）の一部を次のように改正します。

（次のよう略）

（財政事情説明書の作成及び公表に関する条例の一部改正）

3　財政事情説明書の作成及び公表に関する条例（昭和35年条例第4号）の一部を次のように改正します。

（次のよう略）

附　則（平成23年３月７日条例第５号）

この条例は、平成23年４月１日から施行する。

附　則（平成24年６月12日条例第26号）

この条例は、公布の日から施行する。

附　則（平成25年３月26日条例第28号）

この条例は、平成25年４月１日から施行する。

附　則（平成27年３月６日条例第６号）

この条例は、公布の日から施行する。

附　則（平成27年12月28日条例第53号）

（施行期日）

１　この条例は、公布の日から施行します。

（経過措置）

２　この条例の施行の日において、この条例による改正前の芽室町自治基本条例第14条第１項の規定に基づき既に策定されている総合計画については、この条例による改正後の芽室町自治基本条例第14条第２項の規定は適用せず、なお従前の例によります。

芽室町議会基本条例

平成25年3月26日条例第27号
改正
平成26年12月25日条例第44号
平成27年3月27日条例第32号
平成28年3月28日条例第22号

目次

地方議会は、二元代表制のもとで、行政機関の監視、調査、政策形成及び提案機能を十分発揮しながら、日本国憲法に定める地方自治の本旨の実現を目指しています。

芽室町議会（以下「議会」といいます。）は、町民によって選ばれた議員（以下「議員」といいます。）で構成し、本町の最高規範である芽室町自治基本条例（平成19年芽室町条例第3号）による議会の役割と責務に基づき、町長、教育委員会、選挙管理委員会、監査委員、公平委員会、農業委員会及び固定資産評価審査委員会（以下「町長等」といいます。）と緊張関係を保持しながら、町の最高意思決定機関であることを認識し、町民全体の福祉向上と豊かなまちづくりの進展のために活動します。

また、議会は合議制の議事機関であり、町民への積極的な情報の公開、共有と説明責任の遂行により、町民の意思を的確に把握し、自由かっ達な討議を通じて、最も有益な結論に導いていく責務があります。

　議員は、研鑽を積み、町民参加を基本としてまちづくりを推進する責務があります。

　よって、議会の公正性・透明性を確保するとともに、「分かりやすい議会、開かれた議会、行動する議会」を目指し、町民の信託に全力で応えていくことを決意し、この条例を制定します。

第1章　総則

（目的）
第1条　この条例は、議会が果たすべき自主的かつ自律的な運営を実現するための基本的な事項を定め、議会の役割を明確にするとともに、町民全体の福祉向上と豊かなまちづくりの進展に寄与することを目的とします。

（基本理念）
第2条　議会は、町民の代表としての負託と信頼に応え、大局的な視点から意思決定し、真の地方自治の実現に取り組みます。
2　議会は、町政運営に関する監視、調査、政策形成及び提言機能を併せ持つ機関としての責任を果たします。
3　議会は、予算及び決算をはじめとする町政に係る様々な事項に対し、議事機関としての責任を果たします。
4　議会は、広く町民の意思を把握し、町政に的確に反映させることを目的に、議員個々の資質を高め、議会機能の強化並びに活性化に取り組み、議会力及び議員力を強化します。

第2章　議会及び議員の活動原則と政治倫理

（議会の活動原則）
第3条　議会は、全ての会議を原則公開するとともに、民主的かつ効率的な議会運営のもとに、次の活動を行います。
(1)　議事機関として、町政の重要事項について意思決定を行うこと。

(2) 町民の意思が的確に反映され、公正で民主的に町政が運営されているかを監視し、けん制すること。
(3) 議員相互間の自由かつ達な討議を通して意見を集約し運営すること。
(4) 議決責任を深く認識するとともに、重要な事項についての議案等を議決したときは、町民に対して説明すること。

(委員会及び委員長の活動原則)

第4条 芽室町議会委員会条例（昭和62年芽室町条例第2号）に規定する常任委員会、議会運営委員会及び特別委員会（以下「委員会」といいます。）は、次の活動を行います。
(1) 審査及び調査に当たっては、資料等を公開し、町民に分かりやすい議論を行うこと。
(2) 町民に対し審査の経過及び所管する行政課題等に対処することを目的に、意見交換会等を開催すること。
(3) 委員長は、副委員長と協議のうえ、委員会の秩序保持に努め、効率的な議事の整理を行い、委員会の事務をつかさどること。
(4) 委員長は、討議による合意形成に努め、委員長報告を作成し、報告に当たっては、論点、争点等を明確にすること。

(議長及び議員の活動原則)

第5条 議長及び議員は、次に掲げる原則に基づき、次の活動を行います。
(1) 議長は、議会を代表し、公正で民主的かつ公平な立場において職務を行い、効率的な議会運営を行うこと。
(2) 議員は、議員相互間の討議を重んじて活動すること。
(3) 議員は、町政の課題全般について、町民の意思を的確に把握するとともに、自らの能力を高める不断の研鑽により、町民の代表としてふさわしい活動をすること。
(4) 議員は、議会の構成員として公正かつ誠実に職務を遂行し、町民全体の福祉の向上及び豊かなまちづくりの推進を目指して活動すること。

（議員研修の充実強化）

第６条　議会は、議員の政策形成及び立案能力等の向上を図るため、別に定める芽室町議会議員研修要綱（平成24年３月30日制定）に基づき、議員研修を実施します。

２　議会は、議員研修の充実、強化に当たり、広く各分野の専門家、町民各層等から情報を得て議員研修計画を策定し、研修会及び研究会などを積極的に開催します。

（議員の政治倫理）

第７条　議会は、芽室町議会議員政治倫理条例（平成24年芽室町条例第33号）に基づき、議員は、二元代表制の一翼を担う町民全体の奉仕者及び特別公務員としての倫理性を常に自覚し、自己の地位に基づく影響力を不正に行使しません。

第３章　町民と議会との関係

（町民参加及び町民との連携）

第８条　議会は、議会の活動に関する情報公開、共有を徹底し、説明責任を十分に果たし、町民が議会活動に参加する機会を確保します。

２　議会は、本会議及び委員会並びに全員協議会（以下「議会の諸会議」といいます。）の日程及び内容は、事前に町民に周知するとともに、審議過程及び結果についても情報を公開し、共有します。

３　議会は、本会議及び委員会の運営に当たり、参考人制度や公聴会制度を十分に活用し、町民の意向及び学識経験者等の専門的かつ政策的識見等を議会の意思決定に反映します。

４　議会は、請願、陳情を町民による政策提案と位置付け、審査においては、提案者の意見を聴く機会を確保します。

５　議会は、議会報告と意見交換会を毎年開催するなど、広く町民の意見を聴取する機会を確保し、議会、議員による政策提案を行います。

（議会広報の充実）

第９条　議会は、町政に係る論点、争点の情報を、議会独自の視点から町民に対して周知します。

２　議会は、情報通信技術（ＩＣＴ）の発展を踏まえた多様な広報手段を活用し、多くの町民が行政に関心を持つように議会広報活動を行います。

（議会白書、議会の自己評価）

第10条 議会は、町民に対し、議会及び議員の活動内容を公表し、情報を共有することにより、議会活動の活性化を図ります。

2 議会は、議会の基礎的な資料・情報、議会の評価等を1年ごとに調製し、議会白書として町民に公表します。

3 議会は、議会の活性化に終えんがないことを常に認識し、議会としての評価を1年ごとに適正に行い、評価の結果を町民に公表します。

4 議会白書及び議会としての評価に関して必要な事項は、議長が別に定めます。

第4章 町長等と議会との関係

（町長等と議会、議員の関係）

第11条 町長等と議会は、それぞれの機関の特性を活かすとともに、政策をめぐる論点、争点を明確にし、緊張関係を維持しながら行政を運営します。

2 議員と町長等との質疑応答は、広く町政上の論点、争点を明確にするため、一問一答方式で行います。

3 議員は、一般質問等に当たっては、目的を十分認識し、単に町長等への質問に終始することなく、討議による政策論争を展開します。

4 議員は、一般質問の通告に基づき町長等から提出された答弁書をもとに、討議の充実を図ります。

5 議員は、二元代表民主制の充実と町民自治の観点から、法定以外の執行機関の諮問機関、審議会等の委員に就任しません。

6 議長から議会の諸会議への出席を要請された町長及び執行機関の長並びに職員（以下「町長等執行機関の長等」といいます。）は、議員の質疑及び質問に対して、議長及び委員長の許可を得て、論点、争点を明確にするため反問することができます。

7 議長から議会の諸会議への出席を要請された町長等執行機関の長等は、議員又は委員会による条例の提案、議案の修正、決議等に対して、議長又は委員長の許可を得て、反論することができます。

（政策形成過程等）

第12条　議会は、町長等が提案する重要な政策等の意思決定においては、その水準を高めるため、次に掲げる政策形成過程を論点として審議します。

(1)　政策等の発生源

(1)　検討した他の政策等の内容

(3)　他の自治体の類似する政策等との比較検討

(4)　総合計画の実行計画及び個別計画における根拠又は位置付け

(5)　関係ある法令及び条例等

(6)　政策等の実施に関わる財源措置

(7)　総合計画上の実行計画及び将来にわたる政策等のコスト計算

2　議会は、前項の政策等の提案を審議するに当たっては、政策等の適否を判断する観点から、立案、決定、執行における論点、争点を明確にし、執行後を想定した審議を行います。

（評価の実施）

第13条　議会は、決算審査において、町長等が執行した政策等（計画、政策、施策、事務事業等）の評価（以下「議会の評価」といいます。）を行います。

2　議会は、予算に十分反映させるため、議会の評価結果を町長等に明確に示します。

（議決事項の拡大）

第14条　議会は、議決責任という役割を果たす観点に立ち、地方自治法（昭和22年法律第67号。以下「法」といいます。）第96条第2項の議決事件について、次のとおり定めます。

(1)　芽室町総合計画に係る基本構想及び実施計画

(2)　定住自立圏形成協定の締結、変更及び同協定の廃止を求める旨の通告

(3)　芽室町庁舎建設基本計画

(4)　芽室町都市計画マスタープラン

（文書質問）

第15条　議員は、通年議会制度を活用し、休会中においても主体的・機動的な議員活動に資するため、議長を経由して町長等に対し文書質問を行うことができます。

2　議会は、文書質問の通告文及び町長等の回答文を、

議会だより、議会ホームページ等により町民に公表します。
3　文書質問について必要な事項は、芽室町議会会議条例（平成24年芽室町条例第32号。以下「会議条例」といいます。）で定めます。

第5章　議員相互の討議

（自由討議による合意形成）
第16条　議会は、議員による討議の場であり、議員相互の討議を中心に運営します。
2　前項の規定に基づき、本会議及び議会の諸会議への町長等に対する出席要請は、必要最小限に留めるものとし、議員間で活発な討議を行います。
3　議会は、委員会における委員外議員が発言できる機会を保障します。
4　議会は、本会議及び委員会において、議員提出議案、町長提出議案及び請願並びに陳情等を審議し結論を出す場合には、議員相互の自由討議により議論を尽くして合意形成に努めるとともに、町民に対する説明責任を十分に果たします。
5　議員は、条例、意見書等の議案の提出を積極的に行うように努め、議員相互の討議により議論を尽くして合意形成を行います。

（議員政策討論会の開催）
第17条　議会は、町政に関する重要な政策及び課題等について、議会としての共通認識を深めるとともに、政策形成能力の向上を図るため、議員政策討論会を開催します。
2　議員政策討論会について必要な事項は、議長が別に定めます。

第6章　適正な議会機能

（適正な議会費の確立）
第18条　議会は、議会費について、一定の標準率などを用いて適正な議会活動費の確立を目指します。
2　議会は、議事機関としての機能を確保するとともに、より円滑な議会運営を実現するため、必要な予算を確保します。
3　議会は、議長交際費を含めて、議会費の使途等を議会だより及び議会ホームページ等により町民に公表します。

（議長、副議長志願者の所信表明）
第19条　議会は、議長、副議長の選出に当たり、議会活動の方向性を明確にし、議会の透明性をより一層高め、議会の責務を強く認識するため、それぞれの職を志願する者に所信を表明する機会を設けます。

（附属機関の設置）
第20条　議会は、議会活動に関し、審査、諮問又は調査のため必要があると認めるときは、別に条例で定めるところにより、学識経験を有する者等で構成する附属機関を設置します。

2　附属機関に関して必要な事項は、別に条例で定めます。

（調査機関の設置）
第21条　議会は、町政の課題に関する調査のために必要があると認めるときは、法第１００条の２の規定により、学識経験を有する者等で構成する調査機関を設置します。

2　議会は、必要があると認めるときは、前項の調査機関に議員を構成員として加えます。

3　調査機関に関し必要な事項は、会議条例で定めます。

（議会事務局の体制整備）
第22条　議会は、法第１３８条第２項の規定に基づき、芽室町議会事務局を置きます。

2　議会は、議会及び議員の政策立案能力を向上させ、議会活動を円滑かつ効率的に行うため、議会事務局の機能の強化及び組織体制の整備を図ります。なお、当分の間は、執行機関の法務及び財務機能の活用、職員の併任等を考慮します。

3　議長は、議会事務局の職員人事に関し、その任免権を行使するものとし、あらかじめ町長と協議します。

（議会図書室の充実）
第23条　議会は、法第１００条第18項の規定により、議会図書室を適正に管理し運営するとともに、その機能を強化します。

2　議会図書室は、議員のみならず、町民、町長等においても利用することができます。

（議会改革及び活性化の推進）

第24条　議会は、町民の信頼を高めるため、不断の改革及び活性化に努めます。

2　議会は、前項の改革に取り組むため、議会活性化計画を策定し、実行と評価について全議員で協議します。

3　議会は、他の自治体議会との交流及び連携を推進し、分権時代にふさわしい議会のあり方についての調査、研究等を行います。

4　議会は、議会制度に係る法改正等があったとき、又は議会改革の推進の観点から必要があると認めるときは、速やかに調査、研究等を行います。

5　議会は、議会モニター及び議会サポーターを設置し、提言その他の意見を聴取するとともに、議会運営に反映します。

（災害時の対応）

第25条　議会は、町民の生命又は生活に直接影響を及ぼす災害等が発生した場合は、町民及び地域の状況を的確に把握するとともに、議会としての業務を継続し、町長等に速やかに必要な要請を行います。

2　前項に規定する災害等が発生した場合における議会の対応について必要な事項は、議長が別に定めます。

第7章　会議の運営

（通年議会）

第26条　議会は、第24条の目的を達成し使命を果たすため、会期を通年とします。

2　会期を通年とするために必要な事項は、会議条例で定めます。

（議会運営の原則）

第27条　議会は、民主的かつ効率的な議会運営を行います。

2　議会は、芽室町議会傍聴条例（平成24年芽室町条

例第34号）に定める町民等の傍聴に関して、議案の審議に用いる資料等を提供するなど、町民の傍聴の意欲を高める議会運営を行います。

3　議会は、会議を定刻に開催し、会議を休憩する場合には、その理由、再開の時刻を傍聴者に説明します。

第8章　議員定数・報酬等

（議員定数）

第28条　法第91条第1項の規定に基づき、芽室町議会の議員の定数は、16人とします。

2　議員定数の改正に当たっては、民主主義の原理を踏まえ、附属機関、参考人制度及び公聴会制度を十分活用します。

3　議員定数の改正については、法第74条第1項の規定による町民の直接請求があった場合を除き、改正理由の説明を付して、必ず議員が提案するものとします。

（報酬等）

第29条　議員の報酬及び費用弁償並びに期末手当（以下「報酬等」といいます。）は、別に条例で定めます。

2　前項に規定する条例においては、適正な報酬等の確立を期すため、報酬の標準率又は報酬額を示します。

3　報酬等の改正に当たっては、民主主義の原理を踏まえ、附属機関、参考人制度及び公聴会制度を十分に活用します。

4　報酬等の改正については、法第74条第1項の規定による町民の直接請求があった場合を除き、改正理由の説明を付して、必ず議員が提案するものとします。

第9章　最高規範性及び見直し手続き

（最高規範性）

第30条　この条例は、議会の最高規範であり、この条例に違反する条例、規則、規程等を制定しません。

2　議会及び議員は、この条例を遵守します。

3　議会は、議会に関する憲法、法律、その他法令等の条項を解釈し、運用する場合においても、この条例に定める理念、原則に照らして判断します。

（検証及び見直し手続）

第31条　議会は、１年ごとに、この条例の目的が達成されているかどうかを検証し、公表します。

2　議会は、前項による検証の結果、制度の改善が必要な場合は、全ての議員の合意形成に努めたうえで、この条例の改正を含めて適切な措置を講じます。

3　議会は、この条例を改正する際には、いかなる場合でも改正の理由、背景を町民に説明します。

附　則

（施行期日）

1　この条例は、平成25年４月１日から施行します。

（芽室町議会の議員の定数を定める条例の廃止）

2　芽室町議会の議員の定数を定める条例（平成14年芽室町条例第48号）は廃止します。

（議会事務局設置条例の廃止）

3　議会事務局設置条例（昭和33年芽室町条例第８号）は廃止します。

（芽室町議会の議決すべき事件を定める条例の廃止）

4　芽室町議会の議決すべき事件を定める条例（平成23年芽室町条例第３号）は廃止します。

（芽室町定住自立圏形成協定の議決に関する条例の廃止）

5　芽室町定住自立圏形成協定の議決に関する条例（平成23年芽室町条例第14号）は廃止します。

附　則（平成26年12月25日条例第44号）

この条例は、平成27年５月１日から施行する。

附　則（平成27年３月27日条例第32号）

この条例は、平成27年５月１日から施行する。

附　則（平成28年３月28日条例第22号）

この条例は、平成28年５月１日から施行する。

芽室町総合計画の策定と運用に関する条例

平成27年12月28日条例第54号

（目的）

第1条　この条例は、総合計画の策定と運用に関する基本的な事項を定めることにより、町が進める政策、施策及び事業（以下「政策等」といいます。）の総合的かつ計画的な推進を図ることを目的とします。

（用語の意味）

第2条　この条例においての用語の意味は、芽室町自治基本条例（平成19年条例第3号）に準じます。

（総合計画の名称）

第3条　総合計画の名称は、「第　期芽室町総合計画　年度～　年度」とします。

（総合計画の体系）

第4条　総合計画は、町民が容易に理解できるものとするため、町が進める政策等を分かりやすく体系化します。

（総合計画の構成）

第5条　総合計画は、基本構想、実施計画及び実行計画で構成し、基本構想及び実施計画については議会の議決対象とします。

（基本構想）

第6条　基本構想は、原則8年とし、町政運営の理念、基本的な政策の方向性その他総合計画の推進に当たっての必要な事項を定め、当該総合計画の策定及び運用の指針とします。

（実施計画）

第7条　実施計画は、原則前期4年の前期実施計画及び後期4年の後期実施計画により構成し、前期実施計画期間中の4年目に、議会の議決を経て後期実施計画を策定します。

2　実施計画は、基本構想に示した将来像、政策等に基づき、具体的な施策展開の方向と達成すべき施策目標を定めるものとします。

（実行計画）

第8条　実行計画は、実施計画で定められた施策の適切な進行管理に必要な向こう3年間の具体的な事業内容を定める進行管理計画とし、公表するものとします。

（基本構想及び実施計画の策定手順）

第9条　町長等は、基本構想及び実施計画の策定に当たっては、その過程を明らかにするとともに、町民の意見を反映させるため、意見交換会、アンケート調査、まちづくり意見募集等により広く町民の参加機会を保障します。

2　基本構想及び実施計画は、政策等の実効性の確保のため、芽室町中期財政計画等との整合性に留意して策定します。

3　町長は、多様な方法で町民の参加を推進するとともに、職員の参加等を踏まえて基本構想及び実施計画原案（以下「計画原案」といいます。）を作成し、芽室町総合計画審議会（以下「審議会」といいます。）に諮問します。

4　審議会は、町長から諮問された計画原案について、町民の視点から慎重かつ活発な審議を行い、町長に答申します。

5　町長は、審議会からの答申を尊重して基本構想及び実施計画案を策定し、議会に提案します。

6　町長等は、第3項に定める町民の参加を効果的に推進するため、基本構想及び実施計画の策定及び推進に当たって討議すべき課題及び論点を整理した文書、その他必要な情報を作成し、町民に提供します。

7　町民は、前項に規定する情報の作成及び提供に関して、意見を述べることができます。

（総合計画の見直し）

第10条　町長は、政策等の追加、変更又は廃止の必要が生じたときは、議会の議決を経て、基本構想及び実施計画を見直すことができます。

2　町長は、前項の規定による見直しを行うに当たって、広く町民の意見を反映する必要があるときは、可能な限り町民の参加機会を提供します。

（総合計画と予算の原則）

第11条　町が進める政策等は、総合計画に基づき予算化することを原則とします。

（各政策分野の基本的な計画）

第12条　芽室町議会基本条例（平成25年条例第27号）第14条に規定する議会の議決事項とする計画を含めて、各政策分野の基本的な計画の策定又は改定は、総合計画との関係を明らかにするとともに、十分な調整のもとに行います。

附　則

（施行期日）

1　この条例は、公布の日から施行します。

（経過措置）

2　この条例の施行の日において、既に策定されている総合計画については、この条例の規定は適用せず、なお従前の例によります。

【著者略歴】

広瀬　重雄（ひろせ・しげお）

芽室町議会議長
北海道芽室町議会議長
1957年芽室町生まれ。北海道拓殖短期大学卒業。JA芽室青年部部長、元青年会議所理事長を歴任。1999町議会議員当選（5期連続）。2011年から議長（2期目）。

西科　純（にしな・じゅん）

前芽室町議会事務局長
1963年音更町生まれ。北海道大学大学院法学研究科修了。1985年芽室町入庁。企画財政課長、住民生活課長、子育て支援課長、議会事務局長、税務課長を歴任。自治体学会員（運営委員）、北海道自治体学会員（前代表運営委員）。北海道条例・議会研究会共同代表、議会事務局研究会会員。

蘆田　千秋（あしだ・ちあき）

芽室町議会改革諮問会議会長
1968年三重県伊勢市生まれ。杏林大学保健学部卒業。2004年山村留学制度で芽室町へ移住。2012年芽室町議会モニター、2013年から芽室町議会諮問委員（2期目）。

神原　勝（かんばら・まさる）

北海道大学名誉教授
1943年北海道生まれ。中央大学法学部卒業、財団法人東京都政調査会研究員、財団法人地方自治総合研究所研究員を経て、1988年～2005年、北海道大学大学院法学研究科教授、2005年～2013年、北海学園大学法学部教授。専攻・自治体学
主な著書に『小規模自治体の生きる道』、『自治・議会基本条例論』（公人の友社）、『総合計画の理論と実践』（編著、公人の友社）など。

刊行にあたって

歴史的な事情もあって、北海道は中央に依存する遅れた地域とイメージされ、北海道自身もまたそのような北海道観を持ち続けてきたように思われます。けれども北海道には、地域固有の政策資源を活用した必然性のある地域づくりを進める自治体や、自治基本条例・議会基本条例の発祥の地であることが示すように、果敢に政策・制度の開発にいどむ自治体が多数あります。見方を変えれば、北海道はパイオニア自治体の宝庫でもあります。

私たち北海道地方自治研究所は、そうした自治体の営為、いわば自治の先端的な「現場」と直接・間接にかかわりながら、北海道における自治の土壌を豊かにすることを願って、市民・自治体職員・長・議員のみなさん、また研究者の方々とともに、各種の研究会・講演会の開催、調査活動、月刊「北海道自治研究」誌の発刊などを行ってきました。そうした当研究所のこれまでの活動に、このたび「北海道自治研ブックレット」の刊行を加えることにしました。

自治をめぐる環境や条件は大きく変化しています。今後も続く市民活動を起点とする分権改革、また国の政策失敗を主因とする自治体財政の窮状は、自治体の自立および運営における自律の規範と機構の確立をいっそう強く求めています。このような状況にあって、自治体を市民の政府として構築するためには、市民自治の理論・方法・技術をみがくことが不可欠となっています。このブックレットの刊行が、これらの課題にこたえる一助となれば幸いです。

教える者と教わる者が固定化し、上下や序列で区別される時代は終わりました。自治体職員・長・議員を含めた市民が培う生活的・職業的専門性をいかす観点から、人・テーマ・時・場に応じて、自由に立場をかえて教えあい学びあう、いわば相互学習の広場にこのブックレット刊行の事業を育てたいものです。ブックレットを通じて、普遍性ある豊かな自治の構想や理論、斬新な営為との出会いが厚みを増していくことを願っています。

二〇〇七年八月

社団法人・北海道地方自治研究所　理事長　神原　勝

北海道自治研ブックレット No. 5
ここまで到達した芽室町議会改革
芽室町議会改革の全貌と特色

2016 年 11 月 22 日　初版発行

著　者　広瀬重雄・西科純・蘆田千秋・神原勝
発行人　武内英晴
発行所　公人の友社
〒 112-0002　東京都文京区小石川 5-26-8
TEL 03-3811-5701　FAX 03-3811-5795
e-mail: info@koujinnotomo.com
http://koujinnotomo.com/
印刷所　倉敷印刷株式会社

ISBN978-4-87555-689-3

出版図書目録

［北海道自治研ブックレット］

No.1
市民・自治体・政治
再論・人間型としての市民
松下圭一　1,200円

No.2
議会基本条例の展開
その後の栗山町議会を検証する
橋場利勝・中尾修・神原勝
1,200円

No.3
福島町の議会改革
議会基本条例＝開かれた議会づくりの集大成
溝部幸基・石堂一志・中尾修・神原勝
1,200円

No.4
議会改革はどこまですすんだか
改革8年の検証と展望
神原勝・中尾修・江藤俊昭・廣瀬克哉
1,200円

No.5
ここまで到達した芽室町議会改革
芽室町議会改革の全貌と特色
広瀬重雄・西科純・蘆田千秋・神原勝
1,200円

［単行本］

フィンランドを世界一に導いた100の社会改革
編著　イルカ・タイパレ
訳　山田眞知子　2,800円

公共経営学入門
編著　ボーベル・ラフラー
訳　みえガバナンス研究会
監修　稲澤克祐、紀平美智子　2,500円

変えよう地方議会
～3・11後の自治に向けて
編著　河北新報社編集局　2,000円

自治体職員研修の法構造
田中孝男　2,800円

自治基本条例は活きているか?!
～ニセコ町まちづくり基本条例の10年
編　木佐茂男・片山健也・名塚昭
2,000円

国立景観訴訟～自治が裁かれる
編著　五十嵐敬喜・上原公子　2,800円

成熟と洗練
～日本再構築ノート
松下圭一　2,500円

地方自治制度「再編論議」の深層
監修　木佐茂男
青山彰久・国分高史一　1,500円

韓国における地方分権改革の分析～弱い大統領と地域主義の政治経済学
尹誠國　1,400円

自治体国際政策論
～自治体国際事務の理論と実践
楠本利夫　1,400円

自治体職員の「専門性」概念
～可視化による能力開発への展開
林奈生子　3,500円

アニメの像VS.アートプロジェクト～まちとアートの関係史
竹田直樹　1,600円

NPOと行政の《協働》活動における「成果要因」
～成果へのプロセスをいかにマネジメントするか
矢代隆嗣　3,500円

おかいもの革命
消費者と流通販売者の相互学習型プラットホームによる低酸素型社会の創出
編著　おかいもの革命プロジェクト　2,000円

原発再稼働と自治体の選択
原発立地交付金の解剖
高寄昇三　2,200円

「地方創生」で地方消滅は阻止できるか
地方再生策と補助金改革
高寄昇三　2,400円

総合計画の新潮流
自治体経営を支えるトータル・システムの構築
監修・著　玉村雅敏
編集　日本生産性本部　2,400円

総合計画の理論と実務
行財政縮小時代の自治体戦略
編著　神原勝・大矢野修　3,400円

自治体の人事評価がよくわかる本
これからの人材マネジメントと人事評価
小堀喜康　1,400 円

だれが地域を救えるのか
作られた「地方消滅」　島田恵司
1,700 円

分権危惧論の検証
教育・都市計画・福祉を題材にして
編著 嶋田暁文・木佐茂男
著 青木栄一・野口和雄・沼尾波子
2,000 円

地方自治の基礎概念
住民・住所・自治体をどうとらえるか？
編著 嶋田暁文・阿部昌樹・木佐茂男
著 太田匡彦・金井利之・飯島淳子
2,600 円

松下圭一＊私の仕事—著述目録
松下圭一　1,500 円

地域創世への挑戦
住み続ける地域づくりの処方箋
監修・著 長瀬光市
著 縮小都市研究会
2,600 円

市民自治に生きて
自治体議員　挑戦・改革・創造の軌跡
石平春彦　3,500 円（品切れ）

自治体広報はプロションの時代からコミュニケーションの時代へ
マーケティングの視点が自治体の行政広報を変える
鈴木勇紀
3,500 円

「大大阪」時代を築いた男
評伝・関一（第7代目大阪市長）
大山　勝男　2,600 円

自治体議会の政策サイクル
議会改革を住民福祉の向上につなげるために
編著 江藤俊昭
著 石堂一志・中道俊之・横山淳・西科純
2,300 円

地方創生と大学
大学の知と人材を活用した持続可能な地方の創生
内閣府経済社会総合研究所　2,000 円

挽歌の宛先　祈りと震災
編著　河北新報社編集局　1,600 円

新訂　自治体法務入門
編　田中孝男・木佐茂男　2,700 円

政治倫理条例のすべて
クリーンな地方政治のために
斎藤　文男　2,200 円

福島インサイドストーリー
役場職員が見た避難と震災復興
編著　今井照・自治体政策研究会
2,400 円

原発被災地の復興シナリオ・プランニング
編著　金井利之・今井照
2,200 円

［自治体危機叢書］

2000年分権改革と自治体危機
松下圭一　1,500 円

自治体財政破綻の危機・管理
加藤良重　1,400 円

自治体連携と受援力
もう国に依存できない
神谷 秀之・桜井 誠一　1,600 円

政策転換への新シナリオ
小口進一　1,500 円

住民監査請求制度の危機と課題
田中孝男　1,500 円

政府財政支援と被災自治体財政
東日本・阪神大震災と地方財政
高寄昇三　1,600 円

震災復旧・復興と「国の壁」
神谷秀之　2,000 円

自治体財政のムダを洗い出す
財政再建の処方箋
高寄昇三　2,300 円

「政務活動費」ここが問題だ
改善と有効活用を提案
宮沢　昭夫　2,400 円

［京都府立大学
京都政策研究センターブックレット］

No.1
地域貢献としての「大学発シンクタンク」
京都政策研究センター（KPI）の挑戦
編著 青山公三・小沢修司・杉岡秀紀・藤沢実
1,000 円

No.2
もうひとつの「自治体行革」
住民満足度向上へつなげる
編著 青山公三・小沢修司・杉岡秀紀・藤沢実
1,000 円

No.3
地域力再生とプロボノ
行政におけるプロボノ活用の最前線
編著 杉岡秀紀
著 青山公三・鈴木康久・山本伶奈　1,000 円

No.4
地域創生の最前線
地方創生から地域創生へ
監修・解説 増田寛也
編著 青山公三・小沢修司・杉岡秀紀・菱木智一
1,000 円

［地方自治ジャーナルブックレット］

No.10
自治体職員の能力
自治体職員能力研究会　971 円

No.11
パブリックアートは幸せか
山岡義典
1,166 円＊

No.12
市民が担う自治体公務
パートタイム公務員論研究会
1,359円

No.14
上流文化圏からの挑戦
山梨学院大学行政研究センター
1,166円

No.15
市民自治と直接民主制
高寄昇三　951円

No.16
議会と議員立法
上田章・五十嵐敬喜 1,600円

No.17
分権段階の自治体と政策法務
山梨学院大学行政研究センター
1,456円

No.18
地方分権と補助金改革
高寄昇三　1,200円

No.19
分権化時代の広域行政
山梨学院大学行政研究センター　1,200円

No.20
あなたの町の学級編成と地方分権
田嶋義介　1,200円

No.22
ボランティア活動の進展と自治体の役割
山梨学院大学行政研究センター
1,200円

No.23
新版２時間で学べる「介護保険」
加藤良重　800円

No.24
男女平等社会の実現と自治体の役割
山梨学院大学行政研究センター　1,200円

No.25
市民がつくる東京の環境・公害条例
市民案をつくる会　1,000円

No.26
東京都の「外形標準課税」はなぜ正当なのか
青木宗明・神田誠司　1,000円

No.27
少子高齢化社会における福祉のあり方
山梨学院大学行政研究センター　1,200円

No.28
財政再建団体
橋本行史　1,000円（品切れ）

No.29
交付税の解体と再編成
高寄昇三　1,000円

No.30
町村議会の活性化
山梨学院大学行政研究センター　1,200円

No.31
地方分権と法定外税
外川伸一　800円

No.32
東京都銀行税判決と課税自主権
高寄昇三　1,200円

No.33
都市型社会と防衛論争
松下圭一　900円

No.34
中心市街地の活性化に向けて
山梨学院大学行政研究センター　1,200円

No.35
自治体企業会計導入の戦略
高寄昇三　1,100円

No.36
行政基本条例の理論と実際
神原勝・佐藤克廣・辻道雅宣　1,100円

No.37
市民文化と自治体文化戦略
松下圭一　800円

No.38
まちづくりの新たな潮流
山梨学院大学行政研究センター　1,200円

No.39
ディスカッション三重の改革
中村征之・大森弥　1,200円

No.40
政務調査費
宮沢昭夫　1,200円（品切れ）

No.41
市民自治の制度開発の課題
山梨学院大学行政研究センター　1,200円

No.42
《改訂版》自治体破たん・「夕張ショック」の本質
橋本行史　1,200円

No.43
分権改革と政治改革
西尾勝　1,200円

No.44
自治体人材育成の着眼点
浦野秀一・井澤壽美子・野田邦弘・西村浩・三関浩司・杉谷戸知也・坂口正治・田中富雄　1,200円

No.45
シンポジウム障害と人権
橋本宏子・森田明・湯浅和恵・池原毅和・青木九馬・澤静子・佐々木久美子　1,400円

No.46
地方財政健全化法で財政破綻は阻止できるか
高寄昇三　1,200円

No.47
地方政府と政策法務
加藤良重　1,200円

No.48
政策財務と地方政府
加藤良重　1,400円

No.49
政令指定都市がめざすもの
高寄昇三　1,400円

No.50
良心的裁判員拒否と責任ある参加
市民社会の中の裁判員制度
大城　聡　1,000円

No.51
討議する議会
自治体議会学の構築をめざして
江藤俊昭　1,200円

No.52
【増補版】大阪都構想と橋下政治の検証
府県集権主義への批判
高寄昇三 1,200円

No.53
虚構・大阪都構想への反論
橋下ポピュリズムと都市主権の対決
高寄昇三 1,200円

No.54
大阪市存続・大阪都粉砕の戦略
地方政治とポピュリズム
高寄昇三 1,200円

No.55
「大阪都構想」を越えて
問われる日本の民主主義と地方自治
（社）大阪自治体問題研究所 1,200円

No.56
翼賛議会型政治・地方民主主義への脅威
地域政党と地方マニフェスト
高寄昇三 1,200円

No.57
なぜ自治体職員にきびしい法遵守が求められるのか
加藤良重 1,200円

No.58
東京都区制度の歴史と課題
都区制度問題の考え方
著：栗原利美、編：米倉克良
1,400円

No.59
七ヶ浜町（宮城県）で考える
「震災復興計画」と住民自治
編著：自治体学会東北YP
1,400円

No.60
市民が取り組んだ条例づくり
市長・職員・市議会とともにつくった所沢市自治基本条例
編著：所沢市自治基本条例を育てる会
1,400円

No.61
いま、なぜ大阪市の消滅なのか
「大都市地域特別区法」の成立と今後の課題
編著：大阪自治を考える会 800円

No.62
地方公務員給与は高いのか
非正規職員の正規化をめざして
著：高寄昇三・山本正憲 1,200円

No.63
大阪市廃止・特別区設置の制度設計案を批判する
いま、なぜ大阪市の消滅なのかPart2
編著：大阪自治を考える会 900円

No.64
自治体学とはどのような学か
森啓 1,200円

No.65
通年議会の〈導入〉と〈廃止〉
長崎県議会による全国初の取り組み
松島完 900円

No.66
平成忠臣蔵・泉岳寺景観の危機
吉田朱音・牟田賢明・五十嵐敬喜
800円

No.67
いま一度考えたい大阪市の廃止・分割
その是非を問う住民投票を前に
大阪の自治を考える研究会 926円

No.68
地域主体のまちづくりで「自治体職員」が重視すべきこと
事例に学び、活かしたい5つの成果要因
矢代隆嗣 800円

No.69
自治体職員が知っておくべきマイナンバー制度50項
高村弘史 1,200円

［福島大学ブックレット
21世紀の市民講座」］

No.1
外国人労働者と地域社会の未来
著：桑原靖夫・香川孝三、
編：坂本惠 900円

No.2
自治体政策研究ノート
今井照 900円

No.3
住民による「まちづくり」の作法
今西一男 1,000円

No.4
格差・貧困社会における市民の権利擁護
金子勝 900円

No.5
法学の考え方・学び方
イェーリングにおける「秤」と「剣」
富田哲 900円

No.6
今なぜ権利擁護か
ネットワークの重要性
高野範城・新村繁文 1,000円

No.7
小規模自治体の可能性を探る
保母武彦・菅野典雄・佐藤力・
竹内是俊・松野光伸 1,000円

No.8
小規模自治体の生きる道
連合自治の構築をめざして
神原勝 900円

No.9
文化資産としての美術館利用
地域の教育・文化的生活に資する方法研究と実践
辻みどり・田村奈保子・
真歩仁しょうん 900円

No.10
フクシマで“日本国憲法〈前文〉”を読む
家族で語ろう憲法のこと
金井光生 1,000円

［地方自治土曜講座
ブックレット］

No.1
現代自治の条件と課題
神原勝 800円＊

No.2
自治体の政策研究
森啓 500円＊

No.3
現代政治と地方分権
山口二郎 500円＊

No.4
行政手続と市民参加
畠山武道 500円＊

No.5
成熟型社会の地方自治像
間島正秀　500円＊

No.6
自治体法務とは何か
木佐茂男　500円＊

No.7
自治と参加　アメリカの事例から
佐藤克廣　500円＊

No.8
政策開発の現場から
小林勝彦・大石和也・川村喜芳　800円＊

No.20
政策法務と自治体
岡田行雄　600円（品切れ）

No.21
分権時代の自治体経営
北良治・佐藤克廣・大久保尚孝　600円＊

No.22
地方分権推進委員会勧告とこれからの地方自治
西尾勝　500円＊

No.23
産業廃棄物と法
畠山武道　600円＊

No.24
自治体計画の理論と手法
神原　勝　600円（品切れ）

No.25
自治体の施策原価と事業別予算
小口進一　600円＊

No.26
地方分権と地方財政
横山純一　600円（品切れ）

No.27
比較してみる地方自治
田口晃・山口二郎　600円＊

No.28
議会改革とまちづくり
森啓　400円（品切れ）

No.29
自治体の課題とこれから
逢坂誠二　400円＊

No.30
内発的発展による地域産業の振興
保母武彦　600円（品切れ）

No.31
地域の産業をどう育てるか
金井一頼　600円＊

No.32
金融改革と地方自治体
宮脇淳　600円＊

No.33
ローカルデモクラシーの統治能力
山口二郎　400円＊

No.34
政策立案過程への戦略計画手法の導入
佐藤克廣　500円＊

No.35
「変革の時」の自治を考える
神原昭子・磯田憲一・大和田健太郎　600円＊

No.36
地方自治のシステム改革
辻山幸宣　400円（品切れ）

No.37
分権時代の政策法務
礒崎初仁　600円＊

No.38
地方分権と法解釈の自治
兼子仁　400円＊

No.39
「近代」の構造転換と新しい「市民社会」への展望
今井弘道　500円＊

No.40
自治基本条例への展望
辻道雅宣　400円＊

No.41
少子高齢社会の自治体の福祉法務
加藤良重　400円＊

No.42
改革の主体は現場にあり
山田孝夫　900円

No.43
自治と分権の政治学
鳴海正泰　1,100円

No.44
公共政策と住民参加
宮本憲一　1,100円＊

No.45
農業を基軸としたまちづくり
小林康雄　800円

No.46
これからの北海道農業とまちづくり
篠田久雄　800円

No.47
自治の中に自治を求めて
佐藤守　1,000円

No.48
介護保険は何をかえるのか
池田省三　1,100円

No.49
介護保険と広域連合
大西幸雄　1,000円

No.50
自治体職員の政策水準
森啓　1,100円

No.51
分権型社会と条例づくり
篠原一　1,000円

No.52
自治体における政策評価の課題
佐藤克廣　1,000円

No.53
小さな町の議員と自治体
室埼正之　900円

No.55
改正地方自治法とアカウンタビリティ
鈴木庸夫　1,200円

No.56
財政運営と公会計制度
宮脇淳　1,100円

No.57
自治体職員の意識改革を如何にして進めるか
林嘉男　1,000円（品切れ）

No.59
環境自治体とISO
畠山武道　700円

No.60
転型期自治体の発想と手法
松下圭一　900円

No.61
分権の可能性
スコットランドと北海道
山口二郎　600円

No.62
機能重視型政策の分析過程と財務情報
宮脇淳　800円

No.63
自治体の広域連携
佐藤克廣　900円

No.64
分権時代における地域経営
見野全　700円

No.65
町村合併は住民自治の区域の変更である
森啓　800円

No.66
自治体学のすすめ
田村明　900円

No.67
市民・行政・議会のパートナシップを目指して
松山哲男　700円

No.69
新地方自治法と自治体の自立
井川博　900円

No.70
分権型社会の地方財政
神野直彦　1,000円

No.71
自然と共生した町づくり
宮崎県・綾町
森山喜代香　700円

No.72
情報共有と自治体改革
片山健也　1,000円

No.73
地域民主主義の活性化と自治体改革
山口二郎　900円

No.74
分権は市民への権限委譲
上原公子　1,000円

No.75
今、なぜ合併か
瀬戸亀男　800円

No.76
市町村合併をめぐる状況分析
小西砂千夫　800円

No.78
ポスト公共事業社会と自治体政策
五十嵐敬喜　800円

No.80
自治体人事政策の改革
森啓　800円

No.82
地域通貨と地域自治
西部忠　900円（品切れ）

No.83
北海道経済の戦略と戦術
宮脇淳　800円

No.84
地域おこしを考える視点
矢作弘　700円

No.87
北海道行政基本条例論
神原勝　1,100円

No.90
「協働」の思想と体制
森啓　800円＊

No.91
協働のまちづくり
三鷹市の様々な取組みから
秋元政三　700円＊

No.92
シビル・ミニマム再考
松下圭一　900円

No.93
市町村合併の財政論
高木健二　800円＊

No.95
市町村行政改革の方向性
佐藤克廣　800円

No.96
創造都市と日本社会の再生
佐々木雅幸　900円

No.97
地方政治の活性化と地域政策
山口二郎　800円

No.98
多治見市の総合計画に基づく政策実行
西寺雅也　800円

No.99
自治体の政策形成力
森啓　700円

No.100
自治体再構築の市民戦略
松下圭一　900円

No.101
維持可能な社会と自治体
宮本憲一　900円

No.102
道州制の論点と北海道
佐藤克廣　1,000円

No.103
自治基本条例の理論と方法
神原勝　1,100円

No.104
働き方で地域を変える
山田眞知子　800円（品切れ）

No.107
公共をめぐる攻防
樽見弘紀　600円

No.108
三位一体改革と自治体財政
岡本全勝・山本邦彦・北良治・逢坂誠二・川村喜芳　1,000円

No.109
連合自治の可能性を求めて
松岡市郎・堀則文・三本英司・佐藤克廣・砂川敏文・北良治他　1,000円

No.110
「市町村合併」の次は「道州制」か
森啓　900円

No.111
コミュニティビジネスと建設帰農
松本懿・佐藤吉彦・橋場利夫・山北博明・飯野政一・神原勝　1,000円

No.112
「小さな政府」論とはなにか
牧野富夫　700円

No.113
栗山町発・議会基本条例
橋場利勝・神原勝　1,200円

No.114
北海道の先進事例に学ぶ
宮谷内留雄・安斎保・見野全・佐藤克廣・神原勝　1,000円

No.115
地方分権改革の道筋
西尾勝　1,200円

No.116
転換期における日本社会の可能性～維持可能な内発的発展
宮本憲一　1,100円